Arbeitsheft für den Friseurberuf

Teil 2

Helmut Kortekamp
Bernd Tewes
Jürgen Wanzek
Bernhard Wiggelinghoff

Ernst Klett Verlag für Wissen und Bildung
Stuttgart · Dresden

 Gedruckt auf Recyclingpapier, hergestellt aus Altpapier

1. Auflage   1   5   4   3   2   1 | 1999   98   97   96   95

Alle Drucke dieser Auflage können im Unterricht nebeneinander benutzt werden, sie sind untereinander unverändert.
Die letzte Zahl bezeichnet das Jahr dieses Druckes.
© Ernst Klett Verlag für Wissen und Bildung GmbH, Stuttgart 1995. Alle Rechte vorbehalten.

Umschlaggestaltung: BBS, Sachse und Partner, Bietigheim Bissingen, unter
                               Verwendung eines Photos von Thomas Weccard.
Druck: Zechnersche Buchdruckerei, Speyer

ISBN: 3-12-839670-1

Inhaltsverzeichnis

39 Alkohole – Oxidationsprodukte der Kohlenwasserstoffe
40 Aldehyde, Ketone, Carbonsäuren – Oxidationsprodukte der Alkohole
41 Aminosäuren, Proteine/Keratin
42 Ester, Fette und fettähnliche Stoffe
43 Tenside, Emulgatoren, Emulsionen
44 Warenkunde I   Anwendungsbereich Kopfhaut und Haare
45 Warenkunde II   Anwendungsbereich Gesicht
46 Warenkunde III   Anwendungsbereich Hände und Nägel
47 Warenkunde IV   Anwendungsbereich Körper
48 Haarschnitt
49 Bedingt dauerhafte Umformung – Technologie
50 Bedingt dauerhafte Umformung – Praxis
51 Geschichte der Dauerwelle
52 Dauerhafte Umformung – Technologie I
53 Dauerhafte Umformung – Technologie II
54 Dauerhafte Umformung – Praxis I
55 Dauerhafte Umformung – Praxis II
56 Farblehre und Farbgestaltung
57 Farbveränderung – Tönen/Tönen mit Pflanzenfarben
58 Farbveränderung – Blondieren
59 Farbveränderung – Färben
60 Einsatzmöglichkeiten kosmetischer Haarfarben
61 Farbveränderung – Praxis I
62 Farbveränderung – Praxis II
63 Farbveränderung – Praxis III
64 Kosmetik – Hautbeurteilung/Hauttypen
65 Kosmetik – Reinigung/Massage
66 Apparative Kosmetik
67 Dekorative Kosmetik
68 Fremdsprachige Produktbezeichnungen
69 Verkaufskunde I
70 Verkaufskunde II
71 Verkaufskunde III
72 Verkaufskunde IV
73 Verkaufskunde V
74 Verkaufskunde VI
75 Verkaufskunde VII
76 Prüfungsaufgaben   Herrenhaarschnitt – Eingelegte Damenfrisur (technische Frisur)

39 Alkohole – Oxidationsprodukte der Kohlenwasserstoffe

1. Erklären Sie diese tragische Pressemeldung.

Todesfall und drei Erblindungen nach Methanol-Cocktail

Nach einer Party von Jugendlichen in Münster mußten neun Personen mit starken Vergiftungserscheinungen ins Krankenhaus eingeliefert werden. Nach Berichten von Beteiligten mischten die Jugendlichen zu Fruchtsäften Methanol, den sie in einem Kellerregal des Elternhauses fanden. Für ein siebzehnjähriges Mädchen kam jede Hilfe zu spät. Sie verstarb frühmorgens, ohne das Bewußtsein wiedererlangt zu haben. Drei weitere Partygäste erblindeten nach den methanolhaltigen Cocktails. …

2. Alkohole leiten sich von den gesättigten Kohlenwasserstoffen, den Alkanen, ab.

Vervollständigen Sie die Tabelle entsprechend der Beispielzeile.

	Alkan	Formel	Alkohol	Formel
1.	Methan	CH_4	Methanol	CH_3OH
2.				
3.				
4.				
5.				

3. Isopropanol wird häufig anstelle von Ethanol für kosmetische Präparate eingesetzt.

Welche Vorteile oder Nachteile hat Isopropanol gegenüber Ethanol?

39 Alkohole – Oxidationsprodukte der Kohlenwasserstoffe

4. Propanol und Isopropanol haben die gleichen Summenformeln, aber unterschiedliche Strukturformeln. Diese Eigenschaft wird Isomerie genannt.

Skizzieren Sie die Strukturformeln der beiden Alkohole.

Propanol	Isopropanol

5. Alkoholische Produkte werden häufig in „Erfrischungstüchern" verwendet.

Worauf beruht die erfrischende Wirkung?

_____

_____

_____

_____

6. Geben Sie Namen, Eigenschaften und Verwendung von fünf kosmetisch wichtigen Alkoholen an.

Name	Eigenschaften	Verwendung

7. Welcher Alkohol sollte nicht in Friseurpräparaten verwendet werden?

☐ Methanol   ☐ Ethanol   ☐ Propanol
☐ Isopropanol   ☐ Butanol   ☐ Glycerin

8. Die funktionelle Gruppe der Alkohole heißt …

☐ Carboxylgruppe   ☐ Carbonylgruppe
☐ Hydroxylgruppe   ☐ Hydroxidgruppe

40 Aldehyde, Ketone, Carbonsäuren – Oxidationsprodukte der Alkohole

1. Eine Stammkundin berichtet Ihnen, daß sie bei der Anwendung einer Haarentfernungscreme den gleichen Geruch wie beim Dauerwellen wahrgenommen hat.

Erklären Sie der Kundin diese Wahrnehmung in wörtlicher Rede.

_____
_____
_____
_____
_____
_____
_____

2. Entwickeln Sie die Oxidationsreihe der Alkohole

a) allgemein und

b) ausgehend von Methanol.

Alkohol →(Oxidation) →(Oxidation)

Methanol →(Oxidation) →(Oxidation)

3. Geben Sie für die Stoffklassen der Aldehyde, Ketone und Carbonsäuren je ein Beispiel an, und tragen Sie die jeweilige Formel und funktionelle Gruppe in die Tabelle ein.

Stoffklasse	Beispiel	Formel	funktionelle Gruppe
Aldehyde			
Ketone			
Carbonsäuren			

4. a) Welche wichtigen Eigenschaften hat Formaldehyd?

b) Warum besteht für Formaldehyd ab einer Konzentration von 0,05 % in Kosmetika eine Deklarationspflicht?

_____
_____
_____
_____
_____
_____
_____
_____

40 Aldehyde, Ketone, Carbonsäuren – Oxidationsprodukte der Alkohole

5. Welche Eigenschaften hat Aceton, und wofür wird es in kosmetischen Präparaten verwendet?

_____
_____
_____

6. Thioglykolsäure wird in etlichen Friseurpräparaten verwendet.

a) Geben Sie die Strukturformel der Thioglykolsäure an.

Thioglycolsäure

b) Weshalb wird Thioglykolsäure in Dauerwellpräparaten eingesetzt?

_____
_____
_____

7. Welche der in der Tabelle aufgeführten Säuren sind anorganische Säuren, organische Säuren, gesättigte Fettsäuren oder ungesättigte Fettsäuren?

Kreuzen Sie jeweils an.

Säuren	anorganische Säuren	organische Säuren	gesättigte Fettsäuren	ungesättigte Fettsäuren
Salzsäure				
Citronensäure				
Phosphorsäure				
Ölsäure				
Weinsäure				
Schwefelsäure				
Milchsäure				
Thioglycolsäure				
Kohlensäure				
Palmitinsäure				
Salpetersäure				
Linolsäure				
Stearinsäure				
Linolensäure				

41 Aminosäuren, Proteine/Keratin

1. Nach einer fehlerhaften Blondierung stellen Sie bei einer Kundin einen starken Strukturverlust des Haares fest.

a) Wie ist dieser Strukturverlust chemisch zu erklären?

b) Welche strukturverbessernden Präparate empfehlen Sie der Kundin?

c) Wie erklärt man sich die Wirkung der strukturverbessernden Präparate?

2. Aminosäuren sind organische Säuren mit zwei funktionellen Gruppen.

Geben Sie die Strukturformel der einfachsten Aminosäure (Glycin) an, und kennzeichnen und benennen Sie die funktionellen Gruppen.

$$-\overset{|}{\underset{|}{C}}-$$

3. Am Aufbau der Haut und des Haares sind ca. 20 verschiedene Aminosäuren beteiligt. Sie verbinden sich miteinander, indem sie Peptidbindungen ausbilden.

Skizzieren Sie, wie sich zwei Glycinmoleküle unter Ausbildung einer Peptidbindung miteinander verbinden, und kennzeichnen Sie die Molekülgruppe, die die Peptidbindung darstellt.

Glycin   Glycin   ⟶   Peptidbindung

4. Erklären Sie die Begriffe Peptide, Peptidbindung und Proteine.

41 Aminosäuren, Proteine/Keratin

5. Das Haar besteht aus Faserkeratin und amorphem Keratin.

Erklären Sie die Bildung dieser beiden Keratinarten im Haar.

6. Skizzieren Sie die chemischen Bindungen (Brücken) im Haar und beschreiben Sie deren besonderen Merkmale.

chemische Bindung (Brücke)	Beschreibung/Merkmale

7. Ergänzen Sie folgenden Lückentext.

Die verschiedenen Eiweißarten des Körpers unterscheiden sich durch ihre _____ _____ und _____. Verhornte Proteine werden als _____ bezeichnet. Im Haar unterscheidet man das _____ _____ der Faserschicht und das _____ der Kittsubstanz.

42 Ester, Fette und fettähnliche Stoffe

1. Ester entstehen durch Reaktionen von Säuren mit Alkoholen. Bei dieser Reaktion wird Wasser abgespalten.

Entwickeln Sie die Formelgleichung für die Bildung von Essigsäureethylester, ausgehend von Essigsäure und Ethanol.

	+		→		+	
Essigsäure		Ethanol		Essigsäureethylester		Wasser

2. Geben Sie die Ausgangsprodukte der folgenden Ester an.

Säure	Alkohol	Ester
		Essigsäurebutylester
		Butansäureethylester
		Salicylsäuremethylester

3. Tierische und pflanzliche Fette sind als natürliche Ester anzusehen.

Aus welchem Alkohol und welchen organischen Säuren bestehen Fette?

4. Von welchen Faktoren ist die Konsistenz eines Fettes abhängig?

5. Geben Sie fünf wichtige Eigenschaften von Fetten an, die für ihre Verwendung in Kosmetika von Bedeutung sind.

42 Ester, Fette und fettähnliche Stoffe

6. Wodurch unterscheiden sich Fette von Mineralfetten und fettähnlichen Stoffen?

7. Geben Sie für die in der Tabelle aufgelisteten fettähnlichen Stoffe die kosmetisch wichtigen Eigenschaften an.

fettähnlicher Stoff	kosmetisch wichtige Eigenschaft
Bienenwachs	
Lanolin	
Walrat	
Carnaubawachs	
Isopropylmyristat	
Lecithin	

43 Tenside, Emulgatoren, Emulsionen

1. Eine Kundin mit sehr empfindlicher, trockener Haut berichtet Ihnen, daß nach der Hautreinigung Rötungen und Spannungszustände sowie Hautreizungen auftreten würden und bittet Sie um Rat.

Geben Sie und das Beratungsgespräch in wörtlicher Rede wieder.

2. Beschriften Sie die Molekülteile des abgebildeten Tensidmodells, und erklären Sie die unterschiedliche Wirkung der Molekülteile.

3. Kennzeichnen Sie die Molekülsymbole der unterschiedlichen Tensidarten, und geben Sie die Eigenschaften und Anwendungsbereiche an.

Tensidart	Eigenschaften	Anwendungsbereich
⊖		
○		
⊖⊕		
⊕		

43 Tenside, Emulgatoren, Emulsionen

4. a) Unterscheiden Sie die Begriffe Seife und Syndet.

_____
_____
_____
_____

b) Geben Sie die kosmetisch wichtigen Eigenschaften der beiden Substanzen an.

Eigenschaften von Seifen	Eigenschaften von Syndets

5. a) Erklären Sie die Begriffe Emulgator, Ö/W-Emulsion und W/Ö-Emulsion.

_____
_____
_____
_____
_____

b) Zeichnen Sie an der Grenzfläche zwischen Öl und Wasser Emulgatormoleküle entsprechend ihres chemischen Verhaltens ein.

c) Erklären Sie die Wirkungsweise der Emulgatormoleküle an der Grenzfläche.

Öl/Fett

Wasser

_____
_____
_____
_____
_____

6. Ergänzen Sie folgenden Lückentext.

Der Emulsionstyp wird durch den _____ bestimmt. Bei einer Ö/W-Emulsion ist _____ die innere und _____ die äußere Phase. Bei einer W/Ö-Emulsion ist es _____ . Ö/W-Emulsionen lassen sich leicht mit _____ abspülen, weil es die _____ Phase ist. W/Ö-Emulsionen lassen sich leicht mit _____ oder _____ entfernen.

44 Warenkunde I   Anwendungsbereich Kopfhaut und Haare

1. Im Salon soll der Verkauf von Produkten für die Heimbehandlung verstärkt werden. Um die Beratungsgespräche zu erleichtern, sollen die Waren am Bedienungsplatz nach ihren Verwendungszwecken neu geordnet werden.
Frau Weber, die Chefin, will die Produkte, die in ihrem Salon für die Heimbehandlung angeboten werden, zu Gruppen zusammenfassen.

Folgende Produkte sollen nach dem Verwendungszweck geordnet werden:
Fönlotion, Haarkur-Konzentrat, Haarlack, Haarspitzen-Emulsion, Kinder-Shampoo, Kräuter-Pflegeshampoo, Kur-Balsam, Luxus-Haarspray, Pflegespülung, Schaumbalsam für getöntes Haar, Schaumfestiger, Spezialshampoo für gefärbtes Haar, Styling-Gel, Wet-Gel

Produkte zur Reinigung: _____

Produkte zur Pflege: _____

Produkte zur Gestaltung: _____

2. Um die Verkaufserfolge zu verbessern, sollen für die Friseurinnen Argumentationshilfen erstellt werden. Ordnen Sie die Aussagen über die Produktmerkmale und Produkteigenschaften den entsprechenden Waren zu.

Produkt	Produktmerkmal	Produkteigenschaft
Haarfestiger, extra		
Anti-Spliss-Balsam		
Haarwasser		
Conditioner		
Glanz-Pflege-Tönung		

Produktmerkmale:

- **A** mit Brennesselextrakt
- **B** mit Siliconöl
- **C** sauer eingestellte Emulsion ohne Oxidationsmittel
- **D** mit UV-Filter
- **E** mit Feuchtigkeitsfaktoren

Produkteigenschaften:

1. glättet die gespaltenen Haarspitzen
2. fördert die Durchblutung der Kopfhaut
3. bringt sicheren Halt, schützt vor zu starker Sonneneinstrahlung
4. hält die notwendige Feuchtigkeit im Haarkeratin und macht das Haar geschmeidig
5. ist äußerst haarschonend und zaubert brillante Farbeffekte

44 Warenkunde I   Anwendungsbereich Kopfhaut und Haare

3. In welcher Reihenfolge werden die nebenstehenden Produkte bei einer umfassenden Haar- und Kopfhautbehandlung eingesetzt? Setzen Sie Zahlen von 1 bis 6 in die Kästchen.

- ☐ Kurspülung
- ☐ Spitzenemulsion
- ☐ Fönlotion
- ☐ Shampoo
- ☐ Kopfhautwasser
- ☐ Haarwachs

4. Kreuzen Sie die Aussagen an, die für Shampoos zutreffen.

- ☐ enthalten Syndets
- ☐ regulieren die Talgdrüsenfunktion
- ☐ ein wichtiges Qualitätsmerkmal ist die entstehende Schaummenge
- ☐ werden auf Seifenbasis hergestellt
- ☐ haben einen pH-Wert von über 7
- ☐ Spezialshampoos gegen trockenes Haar enthalten Rückfetter

5. Kreuzen Sie an, welche Aussagen für Haarkuren zutreffen.

- ☐ ähnlich wie bei Spülungen wird das Haar nur mit einer dünnen Schutzschicht überzogen
- ☐ verbleiben im Haar
- ☐ werden nur kurz einmassiert und sofort wieder ausgespült
- ☐ können auf Haare und Kopfhaut wirken
- ☐ enthalten wasserlösliche Proteine, die in das Haar eindringen
- ☐ die Inhaltsstoffe reagieren mit dem Haarkeratin und verankern sich im Haar

6. Setzen Sie folgende Begriffe in den Lückentext ein:

mild,
Ö/W,
Kämmbarkeit,
adstringierend,
Syndets,
kationenaktive,
Haarspray, Gel, Festiger,
3,
elektrostatische Aufladung,
sauer,
Rückfetter

Der wichtigste Inhaltsstoff der Shampoos sind die _____ . Da viele Kundinnen ihre Haare täglich waschen, müssen Shampoos _____ reinigen sowie Reste von Finishprodukten, die sich an den Haaren befinden wie z.B. _____ , zuverlässig entfernen. Eine zu starke Entfettung der Kopfhaut wird dabei durch _____ _____ vermieden.

Haarkuren und Spülungen bestehen meistens aus _____ - Emulsionen, damit sie sich leicht aus dem Haarschopf auswaschen lassen. Weil bei geschädigten Haaren die negativen Ladungen im Haar überwiegen, sind in Haarkuren _____ Pflegestoffe enthalten.

Spülungen sollen die aufgequollenen Haare _____ . Sie sind deshalb stark _____ eingestellt. Ihr pH-Wert liegt häufig bei ca. _____ . Spülungen sollen auch die _____ des Haares verbessern und _____ _____ vermeiden.

45 Warenkunde II Anwendungsbereich Gesicht

1. Herr Neuhausen will die kosmetischen Produkte, die in seinem Salon angeboten werden, zu Gruppen zusammenfassen.

a) Folgende Produkte sollen nach dem Verwendungszweck geordnet werden:
Augenfalten-Gel, Augen-Make-up-Entferner, Bräunungspuder, Creme-Make-up, Feuchtigkeitscreme, Gesichtsmaske, Gesichtswasser, Liposom-Gel, Lippenbalsam, Lippenstift, Nachtcreme, Peeling-Creme, Rasierschaum, Reinigungsmilch, Seife, Syndet-Stück, Wimperntusche

Produkte zur Reinigung: _____

Produkte zur Pflege: _____

Produkte zur Gestaltung: _____

2. Eine jugendliche Kundin hat Probleme mit Komedonen und Akne. Sie hat bisher bei Ihnen eine Kosmetikserie für jugendliche Haut gekauft und möchte sie gerne weiterhin verwenden.

Erklären Sie der Kundin, warum sie eine spezielle Akne-Pflegeserie verwenden sollte. Beschreiben Sie insbesondere die Inhaltsstoffe und Wirkungsweise dieser Spezial-Präparate.

45 Warenkunde II Anwendungsbereich Gesicht

3. Eine Kundin hat bisher ihre Haut nur mit Wasser und Seife behandelt. Sie möchten ihr die Vorteile der pflegenden Systemkosmetik nahebringen. Wählen Sie drei Produkte aus, die Sie dieser Kundin zuerst anbieten würden. Begründen Sie Ihre Auswahl.

_____
_____
_____
_____
_____

4. Für welchen Hauttyp sind die Produkte empfehlenswert, auf die die nebenstehenden Werbeaussagen zutreffen? Ordnen Sie die Werbeaussagen den entsprechenden Hauttypen zu.
Hauttypen:
1 Seborrhö oleosa
2 Seborrhö sicca
3 Sebostase

- ☐ gleicht Fettmangel aus
- ☐ mild adstringierende Tagescreme
- ☐ führt der Haut feuchtigkeitsbindende Substanzen zu
- ☐ wirkt porenverfeinernd und entzündungshemmend
- ☐ mild reinigend, reizlindernd
- ☐ mattierende und desinfizierende Pflegecreme
- ☐ gründlich reinigend, mit beruhigend wirkenden Kräuterextrakten
- ☐ porentief reinigend, leicht adstringierend

5. In welcher Reihenfolge werden die Produkte bei einer kompletten Gesichtsbehandlung eingesetzt? Setzen Sie Zahlen von 1 bis 7 in die Kästchen ein.

- ☐ Peelingcreme
- ☐ Cremepackung
- ☐ Pflege/Massagecreme
- ☐ Augen-make-up-Entferner
- ☐ Gesichtswasser
- ☐ Reinigungsmilch
- ☐ Tagescreme

6. Kreuzen Sie die Aussagen an, die für Tagescremes zutreffen.

- ☐ dienen als Schutzcreme und als Make up-Unterlage
- ☐ sollen der Haut hauptsächlich Fett zuführen
- ☐ sollen Feuchtigkeit in der Haut binden und zurückhalten
- ☐ sind besonders wichtig für den Hauttyp Seborrhö oleosa

7. Kreuzen Sie die Aussagen an, die für Nachtcremes zutreffen.

- ☐ werden nur für trockene Haut verwendet
- ☐ sollen der Haut über Nacht spezielle Wirkstoffe zuführen
- ☐ ziehen sehr schnell ein und hinterlassen keinen Fettglanz
- ☐ können bei regelmäßiger Anwendung die Haut länger elastisch und jugendlich frisch erhalten
- ☐ können bei regelmäßiger Anwendung eine gealterte Haut wieder elastisch und jugendlich frisch machen

46 Warenkunde III — Anwendungsbereich Hände und Nägel

1. Eine Kundin klagt über rissige Haut an den Händen und über spröde Fingernägel.

a) Welche Ursachen könnten vorliegen?

b) Nennen Sie Pflegeprodukte für Hände und Nägel, die Sie in diesem Fall anbieten könnten.

c) Geben Sie der Kundin Hinweise zur Anwendung der Produkte.

2. Welche Dienstleistungen kann der Friseur zur Hand- und Nagelpflege und -gestaltung anbieten?

3. Eine Kundin wundert sich, daß eine Friseurin für ihre Hände eine spezielle Hautschutzcreme verwendet. Sie benutzt ihre normale Tagescreme sowohl für die Gesichts- als auch für die Handpflege.

Erklären Sie den Unterschied zwischen Tagescreme, Handpflegecreme und Handschutzcreme.

4. Welchen Vorteil hat eine Handlotion gegenüber einer Handcreme?

- ☐ Sie fettet besonders stark.
- ☐ Sie schützt besser vor Umwelteinflüssen.
- ☐ Sie läßt sich leichter verteilen und zieht schneller in die Haut ein.

46 Warenkunde III Anwendungsbereich Hände und Nägel

5. Nagellacke sind Modeartikel. Wie heißen die Modefarben/Farbrichtungen, die im Augenblick aktuell sind?

_____

_____

_____

_____

6. In welcher Reihenfolge geht man bei einer umfassenden Hand- und Nagelbehandlung vor? Setzen Sie Zahlen von 1 bis 8 in die Kästchen ein.

- ☐ Unterlack auftragen
- ☐ Handmassage
- ☐ warmes Fingerbad
- ☐ Nagelhaut erweichen/entfernen
- ☐ Decklack auftragen
- ☐ Nagelöl einmassieren
- ☐ Nägel gründlich reinigen
- ☐ Decklack auftragen

7. Kreuzen Sie die Aussagen an, die für Nagellacke zutreffen.

- ☐ enthalten Syndets
- ☐ Decklacke enthalten nur Farbstoffe und keine Pigmente
- ☐ verhindern das Auslaugen der Nägel
- ☐ sollen schnell trocknen, aber elastisch bleiben

8. Beraten Sie die vier verschiedenen Kundinnen über eine individuelle Nagellackierung.

a) Beschreiben Sie die Nagelform.

b) Wählen Sie je nach Kundinnentyp die passende aktuelle Nagellackfarbe aus. Begründen Sie Ihre Auswahl.

c) Plazieren Sie mit dem ausgewählten Nagellack ein vorteilhaftes Nageldesign.

Kundinnentypen:

1: Sommertyp mit blauen Augen und aschblondem Haar; trägt gern kräftige Blau- und Rottöne sowie helle Farben.

2: Herbsttyp mit leuchtend rotem, langen Naturhaar; trägt dementsprechend gern Grüntöne sowie Goldbraun- und Rotbrauntöne.

3: Wintertyp mit blauen Augen und dunklem Haar; trägt gern schwarze und graue Kleidung mit weißen oder farbigen Akzenten.

4: älterer Sommertyp mit graumeliertem Haar; trägt gern Pastellfarben.

1

a) _____

b) _____

_____

_____

2

a) _____

b) _____

_____

_____

3

a) _____

b) _____

_____

_____

4

a) _____

b) _____

_____

_____

47 Warenkunde IV Anwendungsbereich Körper

1. Eine junge, sportliche Kundin mit mittelbraunem Haar sucht ein neues Duftwasser. Sie ist in einem Büro mit Kundenkontakten tätig.

a) Welche Überlegungen müssen Sie bei einer Vorauswahl der geeigneten Produkte berücksichtigen?

b) Was müssen Sie bei der Vorführung der Duftwässer beachten?

2. Ordnen Sie die Beschreibungen den entsprechenden Duftnoten zu.

Beschreibungen:

1 Sie haben eine schwere würzige Süße.

2 Es sind überwiegend herbe Duftnoten, die frisch oder auch schwer und warm sein können.

3 Frische, fruchtige, sehr ausdrucksstarke Düfte.

4 Leichte herb-frische Düfte.

Duftnoten:

☐ Grün-Noten

☐ Chypre-Noten

☐ Aldehyd-Noten

☐ Orientalische Noten

3. Eine hellhäutige, blonde junge Dame will einen Badeurlaub am Mittelmeer verbringen.

a) Welche Erwartungen wird sie an Sonnenschutzpräparate stellen?

b) Welchen Lichtschutzfaktor müßte ein Sonnenschutzpräparat für diese Kundin aufweisen?

c) Welche Präparate könnten Sie ihr zur Hautpflege anbieten?

d) Welche Präparate können Sie ihr zur Haarpflege anbieten?

47 Warenkunde IV — Anwendungsbereich Körper

4. Was bedeutet die Aussage Lichtschutzfaktor 6 auf einem Sonnenschutzpräparat?

_____
_____
_____
_____

5. Kreuzen Sie die richtigen Aussagen an.

- ☐ Cremebäder sollen in erster Linie die Haut pflegen.
- ☐ Schaumbäder haben einen sehr niedrigen Anteil an waschaktiven Substanzen.
- ☐ Duschbäder sind gering konzentriert und werden direkt auf die Haut aufgetragen.
- ☐ Gute Schaumbäder reinigen die Haut selbsttätig.
- ☐ Ein häufiger Gebrauch von Duschbädern kann die Haut entfetten und austrocknen.
- ☐ Cremebäder werden überwiegend wegen ihres Duftes verwendet.

6. Welche der folgenden Badezusätze reinigen und pflegen zugleich?

- ☐ Cremeschaumbad
- ☐ Duschbad
- ☐ Ölbad
- ☐ Cremebad

7. Die parfümierten Deodorantien sollen ...

- ☐ verhindern, daß Bakterien den Schweiß zersetzen
- ☐ wie ein Parfum den unangenehmen Körpergeruch nur überdecken
- ☐ die Schweißproduktion verringern
- ☐ Bakterien fördern, die den Schweiß schnell zersetzen
- ☐ die Entstehung von unangenehmen Körpergeruch verhindern und zusätzlich einen angenehmen Duft erzeugen

8. Deodorantien werden als Stifte, Roller und als Spray angeboten.

Nennen Sie zu jeder Form jeweils ein positives Verkaufsargument.

Stifte: _____
_____

Roller: _____
_____

Spray: _____
_____

48 Haarschnitt

1. Beschreiben Sie die Vorgehensweise bei der Erstellung des Haarschnitts für die abgebildete Frisur. Berücksichtigen Sie die in der Tabelle angegebenen Punkte.

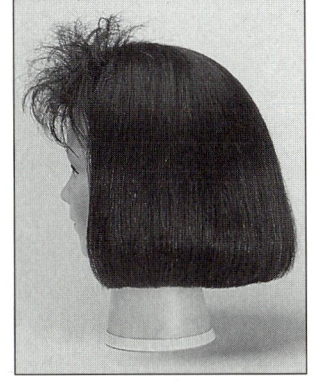

Abteilung	
Schneidetechniken	
Kämmrichtung der Haarsträhnen	
Haltung und Spannung der Haarsträhnen	

2. Zeichnen Sie Schnittwinkel und Schnittlinie in die jeweiligen Abbildungen ein, und beschreiben Sie die Längenverteilungen in den einzelnen Haarsträhnen.

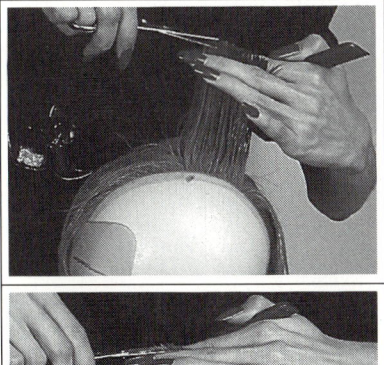

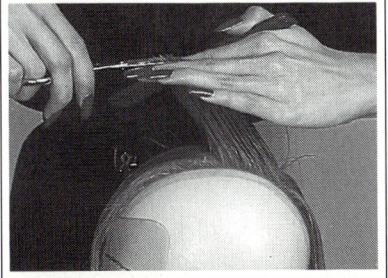

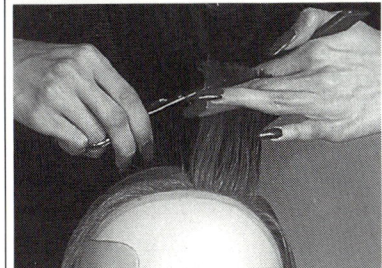

48 Haarschnitt

3. Nennen Sie wichtige Punkte, die beim Übergangschneiden mit Kamm und Schere unbedingt beachtet werden müssen.

_____
_____
_____
_____

4. Unterscheiden Sie die Arbeitstechniken Slicen und Pointen.

Slicen: _____
_____
_____

Pointen: _____
_____
_____

5. Warum müssen die folgenden Kundenvoraussetzungen bei der Planung eines Haarschnitts berücksichtigt werden?

Typ der Kundin/des Kunden: _____
_____

Größe: _____
_____

Gesichtsform: _____
_____

Haarstruktur: _____
_____

Wuchsrichtung des Haares: _____
_____

Form der Haaransätze: _____
_____

Haarfülle: _____
_____

49 Bedingt dauerhafte Umformung – Technologie

1. Eine Kollegin behauptet, daß eingelegte Frisuren eigentlich besser halten müßten, wenn die Haare mit Alkohol anstelle von Wasser angefeuchtet würden.
Überprüfen und begründen Sie diese Aussage am Übungskopf, indem Sie je eine Hälfte mit Alkohol bzw. Wasser anfeuchten, die Haare einlegen und nach dem Trocknen kräftig ausbürsten.

2. Welche Aufgaben erfüllt das Wasser bei der bedingt dauerhaften Umformung?

3. a) Skizzieren Sie schematisch am Modell der Peptidspiralen, welche Vorgänge beim Anfeuchten bzw. beim Trocknen der Haare stattfinden.

b) Warum werden bei der bedingt dauerhaften Umformung die Schwefelbrücken nicht berücksichtigt?

4. Welche Aufgabe erfüllt Wärme bei der bedingt dauerhaften Umformung?

49 Bedingt dauerhafte Umformung – Technologie

5. Skizzieren Sie für die angegebenen Arbeitstechniken der bedingt dauerhaften Umformung den unterschiedlichen Einsatz von Wasser (blau) und Wärme (rot) durch entsprechend lange Farbbalken. Geben Sie jeweils eine Begründung hierfür an.

Arbeitstechnik	Wasser	Wärme
Wasserwelle		
Fönwelle		
Ondulation		

Wasserwelle: _____

_____

Fönwelle: _____

_____

Ondulation: _____

_____

6. Warum sind für die Haltbarkeit der bedingt dauerhaften Umformung das Nachfetten der Haare, die Haarqualität sowie die Luftfeuchtigkeit von großer Bedeutung?

7. Welche Haarschädigungen können bei zu starker Wärmeanwendung während der bedingt dauerhaften Umformung auftreten?

8. Ergänzen Sie folgenden Lückentext.

Das Haar nimmt beim Anfeuchten infolge seiner _____ Wasser auf. Da Wassermoleküle _____ haben, werden die schwachen _____ gelöst und die stabileren _____ durch Einlagerung von _____ _____ gelockert. Beim Trocknen der Haare werden die Brücken durch _____ wieder geschlossen.

50 Bedingt dauerhafte Umformung – Praxis

1. Gestalten Sie an Übungsköpfen oder Haarteilen Wellen durch verschiedene Arbeitstechniken.

a) Vergleichen Sie die frisierten Wellen anhand der in der Tabelle vorgegebenen Merkmale.

Arbeitstechniken	Ausgangslänge in cm	Ausprägung/Aussehen der Wellen
handgelegte Wasserwelle		
papillotierte Wellen		
Volumenwickel-technik		
Wellen mit dem Fönkamm erstellt		

b) Geben Sie an, mit welchen Arbeitstechniken Wellen und Locken und mit welchen Techniken ausschließlich Wellen erzielt werden.

2. Ergänzen Sie den Lückentext.

Liegende Papilloten ergeben _____ Frisurenteile. Stehende Papilloten erzeugen _____ Frisurenteile. Wellenpapilloten sind _____ Papilloten, die reihenweise in _____ Richtungen angeordnet sind.

Ansatzpapilloten formt man, indem das Haar vom _____ her aufgewickelt wird. Spitzenpapilloten eignen sich besonders gut für _____ Haar, das nicht um den _____ gewickelt werden kann.

50 Bedingt dauerhafte Umformung – Praxis

3. Welche Papillotiertechnik wurde bei der Erstellung der abgebildeten Frisuren hauptsächlich verwendet?

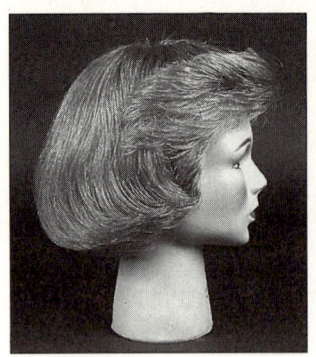 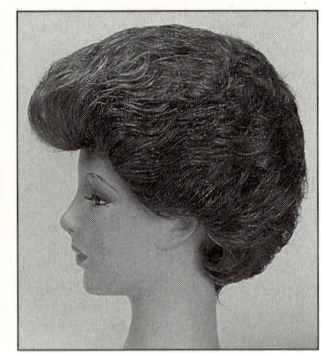 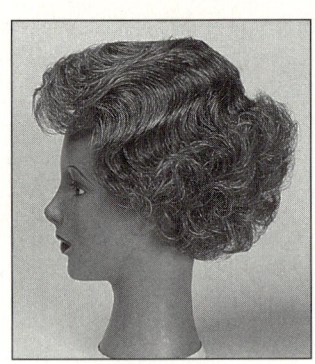

_____   _____   _____

_____   _____   _____

4. Während des Volumenwickelns können die Wickelsträhnen in verschiedenen Winkelstellungen zur Kopfhaut gehalten werden. Beschreiben Sie den Fall des Haares nach dem Trocknen und Ausbürsten.

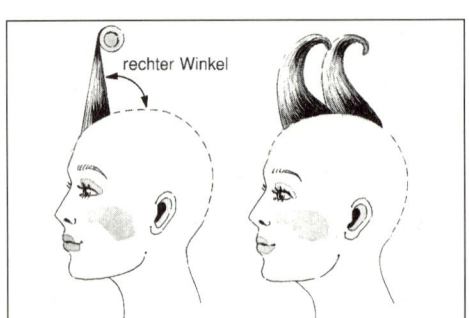

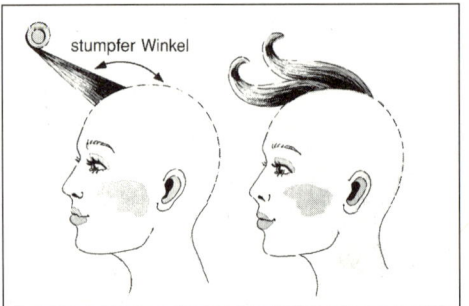

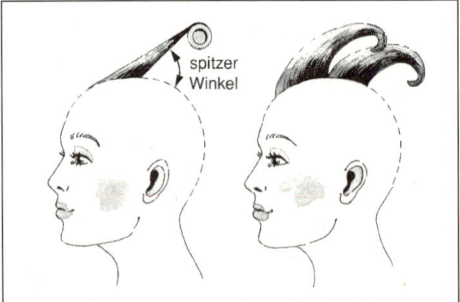

5. Kreuzen Sie an, welche Arbeitstechniken zur bedingt dauerhaften Umformung durch Wasser und Wärme gehören:

- ☐ handgelegte Wasserwelle
- ☐ Papillotiertechnik
- ☐ Fönwelle
- ☐ Dauerwelle
- ☐ Ondulation

- ☐ Fixieren
- ☐ Volumenwickeltechnik
- ☐ Frisieren
- ☐ Fönen

51 Geschichte der Dauerwelle

1. Die abgebildete Frisur wurde im vorigen Jahrhundert von den modebewußten Frauen des Großbürgertums getragen. Zur Erstellung solcher Frisuren wurden lockige Haarteile benötigt. Eine dauerhafte Umformung abgeschnittener Haare gelang den französischen Perückenmachern im vorigen Jahrhundert.

a) Durch welche beiden Faktoren wurde bei der Umformung abgeschnittener Haare das Haarkeratin erweicht?

b) Beschreiben Sie den Arbeitsvorgang.

c) Wie wurde die Locke in der neuen Form gefestigt (fixiert)?

d) Erarbeiten Sie eine Versuchsanordnung, nach der Sie abgeschnittene Haarsträhnen krausen können.

e) Führen Sie einen Versuch zum Krausen der Haarsträhnen durch. Tragen Sie die Werte in die Tabelle ein.

pH-Wert	Kochdauer	Pflegestoffe	Fixierung	Ergebnis

2. Die erste Dauerwelle gelang Karl Neßler im Jahre 1906. Er übertrug das Krausverfahren der Perückenmacher auf das Kopfhaar.

Fassen Sie das Wesentliche dieser Heißwelle in nebenstehendem Schema zusammen.

Chemikalien	Wärmequelle	Wickeltechnik	Fixierung	Bewertung

51 Geschichte der Dauerwelle

3. Im Jahre 1924 stellte Josef Mayer die Flachwicklung vor. Dadurch wurde die Heißwelle erheblich verbessert, so daß sie in den 30er Jahren zum Arbeitsgebiet aller Damenfriseure gehörte.

Nennen Sie die wesentlichen Verbesserungen der Heißwelle, die mit der Einführung der Flachwicklung verbunden waren.

_____
_____
_____
_____
_____
_____
_____

4. Nach dem 2. Weltkrieg wurde in Europa die Heißwelle durch die klassisch-alkalische Dauerwelle, die in den USA 1942 patentiert wurde, abgelöst.

a) Was ist der wesentliche Inhalt des Patents?

b) Nennen Sie die Vorteile dieser Dauerwelle gegenüber der Heißwelle.

c) Worin liegen die Nachteile der klassisch-alkalischen Dauerwelle im Vergleich zu den heutigen Dauerwellen?

_____
_____
_____
_____
_____
_____
_____
_____
_____
_____

5. Kreuzen Sie die richtigen Antworten an.

☐ 1906 erhielt Karl Neßler sein Dauerwellpatent.

☐ Die Wickler standen senkrecht auf dem Kopf.

☐ Bei der ersten Heißwelle wurden die Wickler mit elektrischem Strom erhitzt.

☐ Es war nicht auszuschließen, daß es zu Verbrennungen der Kopfhaut kam.

☐ Die Heißwelle war im Vergleich zur heutigen Dauerwelle preiswert.

☐ Nach der Einführung der Flachwicklung setzte sich die Heißwelle in Deutschland durch.

☐ Bei der Heißwelle kam es sehr oft zu einer schwachen Umformung.

☐ Die erste Kaltwelle führte häufig zu überkraustem Haar.

52 Dauerhafte Umformung – Technologie I

1. Eine Kundin möchte erstmals eine Dauerwelle. Die Friseurin untersucht die Haarstruktur, bevor sie die Dauerwellflüssigkeit, mit der sie das gewünschte Wellergebnis erzielen will, auswählt.

a) Warum muß vor einer Dauerwelle die Haarstruktur gewissenhaft untersucht werden?

b) Wodurch unterscheiden sich die Dauerwellen, die für die unterschiedlichen Haarstrukturen bestimmt sind?

c) Tragen Sie die Bezeichnungen und Merkmale verschiedener Dauerwellpräparate für unterschiedliche Haarstrukturen in die Tabelle ein.

Haarstruktur	Produktbeispiel	spezielle Kennzeichnung	pH-Wert

2. Ein einzelner Haarschopf weist häufig unterschiedliche Haarstrukturen auf.

a) Geben Sie die möglichen Haarstrukturen an, und ordnen Sie sie den entsprechenden Haarabschnitten zu.

b) Wie kann es zu unterschiedlichen Haarstrukturen auf **einem** Haarschopf kommen?

c) Nennen Sie Präparate und Arbeitsverfahren, mit deren Hilfe Sie trotz unterschiedlicher Haarstruktur zu einem einheitlichen Wellergebnis kommen können.

52 Dauerhafte Umformung – Technologie I

3. Ein Wellmittel besteht aus verschiedenen Bestandteilen, die im Zusammenspiel die gewünschte Umformung ermöglichen. Ordnen Sie die folgenden Aussagen über die Inhaltsstoffe von alkalischen Wellmitteln, und tragen Sie sie in der richtigen Zuordnung in die Tabelle ein.

Spalte „Aufgaben":

- bilden Schaum
- verdünnt Wirkstoffe
- schützen das Haar
- dienen der Unterscheidung
- verbessern den Geruch
- löst Schwefelbrücken
- lösen Salzbrücken
- emulgieren Fettstoffe
- löst Wirkstoffe
- wirken katalytisch
- setzen Oberflächenspannung herab
- transportieren Wirkstoffe

Spalte „Bedeutung für die Facharbeit":

- macht das Haar plastisch
- verhindert das Verwechseln umgefüllter Wellmittel
- quellen das Haar
- beschleunigen den chemischen Vorgang
- erzeugen eine Schaumkappe
- stellt die erforderliche Konzentration ein
- begünstigen gleichmäßiges Verteilen
- verhindern das Absetzen von Fett- und Duftstoffen
- lagern sich an vorgeschädigten Stellen an
- löst Alkalien und ATG
- ermöglicht das Eindringen der Präparate
- überdecken zum Teil den Geruch des ATG

Inhaltsstoffe	Aufgaben	Bedeutung für die Facharbeit
Reduktionsmittel		
Alkalisierungsmittel		
Tenside		
Wasser		
Schutzstoffe		
Duftstoffe		
Farbstoffe		

4. Für alkalische Dauerwellen wird eine Wasserstoffperoxid-Fixierung genommen.
Geben Sie die Aufgaben der wichtigsten Inhaltsstoffe an.

Inhaltsstoffe	Aufgaben
Wasserstoffperoxid	
Säuren	
Tenside	
Schaumbildner	
Wasser	

53 Dauerhafte Umformung – Technologie II

1. Eine Praktikantin wundert sich, daß Ihr Salon so viele verschiedene Dauerwellpräparate im Sortiment hat.

Versuchen Sie, die Dauerwellpräparate Ihres Salons zu ordnen, um so Ihrer Kollegin einen ersten Überblick zu verschaffen.

Produktarten	Produktname	Produktname	Produktname
mittelalkalische Dauerwellen			
saure Dauerwellen			
Zwei-Phasen-Dauerwellen			
sonstige Dauerwellen			

2. Nennen Sie die wesentlichen Merkmale der folgenden Dauerwellen.

a) thermogesteuerte Dauerwelle

b) Zwei-Phasen-Dauerwelle

c) saure Dauerwelle

3. Die saure Dauerwelle ist wegen allergischer Reaktionen vom Markt genommen worden und durch neue Produkte, die als Sauer-Komponenten-Wellen oder esterfreie Wellen bezeichnet werden, ersetzt worden.

a) Ermitteln Sie den pH-Wert dieser neuen Produkte.

b) Nennen Sie die wellwirksamen Substanzen.

53 Dauerhafte Umformung – Technologie II

4. Chemische Vorgänge beim Dauerwellen:

a) Die Dauerwelle ist eine Reduktion. Dabei sind Atome des Schwefels und des Wasserstoffs beteiligt.

Tragen Sie die Symbole dieser Elemente in die Kästchen ein.

	geschlossene Disulfidbrücke	geöffnete Disulfidbrücke
Kurzform Peptidspirale		
Kurzformel Wellmittel/ Wellmittelrest	R—☐—☐↑ ↑☐—☐—R	R—☐—R

b) Nach dem Öffnen der Disulfidbrücken wird das plastische Keratin durch die Dauerwellwickler verformt.

Beschreiben Sie den Verformungsvorgang.

_____
_____
_____
_____

c) Die Fixierung ist eine Oxidation. Dabei sind Atome des Schwefels, des Wasserstoffs und des Sauerstoffs beteiligt.

Tragen Sie die Symbole dieser Elemente in die Kästchen ein.

	geöffnete Disulfidbrücke	geschlossene Disulfidbrücke
Kurzform Peptidspirale		
Formel Wasserstoffperoxid/ Wasser	H—O—☐—H	☐—☐—☐

5. Welche Aussagen treffen für die enzymgesteuerte Dauerwelle zu?

☐ Beim Zusammengeben von Wellflüssigkeit und Enzym entsteht Wärme.

☐ Die enzymgesteuerte Dauerwelle ist eine saure Dauerwelle.

☐ Die fertige Wellflüssigkeit ist zunächst sauer.

☐ Der pH-Wert steigt nach einigen Minuten vom sauren in den alkalischen Bereich.

☐ Sie ist besonders für vorzufeuchtendes Haar geeignet.

☐ Sie ist besonders haarschonend.

54 Dauerhafte Umformung – Praxis I

1. Eine neue Kundin wünscht eine Dauerwellbehandlung. Welche Vorüberlegungen müssen Sie anstellen, damit Sie eine fachlich einwandfreie Dauerwelle ausführen?

2. Erstellen Sie einen genauen Arbeitsplan für eine Dauerwellbehandlung.

3. Die Kundin Metternich reklamiert ihre Dauerwelle. Nach dem Anfeuchten der Haare erkennt man eine zu schwache Wellung und eine ungenügende Umformung der Haaransätze. Die Haare erscheinen „strohig".

Welche Fehler sind Ihrer Meinung nach bei der Erstellung der Dauerwelle gemacht worden?

54 Dauerhafte Umformung – Praxis I

4. Führen Sie an Versuchssträhnen jeweils eine Dauerwelle mit verschiedenen Wickeltechniken aus. Beschreiben Sie das entsprechende Dauerwellergebnis.

Wickeltechnik	Beschreibung
Spiralwicklung	
Huckepackwicklung	
Haarsträhne in dünne Zöpfe geflochten	

5. Beschreiben Sie verschiedene fachliche Möglichkeiten, eine Ansatzdauerwelle zu erstellen.

6. Kreuzen Sie an, welche Aufgaben Präparate zur Dauerwellvorbehandlung erfüllen sollen.

- ☐ Verbesserung der Kämmbarkeit des Haares
- ☐ Ersetzen des Spitzenpapiers
- ☐ Verbesserung der Oberflächenbeschaffenheit des Haares
- ☐ Verstärkung der Wellwirksamkeit des Dauerwellpräparates
- ☐ Wickelhilfe
- ☐ Ausgleichen von Strukturverlusten im Haar
- ☐ Beschleunigen der Einwirkzeit
- ☐ Herabsetzen der Wellwirksamkeit in strukturgeschädigten Partien des Haares

55 Dauerhafte Umformung – Praxis II

1. Führen Sie an Versuchssträhnen Dauerwellbehandlungen aus.

Wickeln Sie bewußt fehlerhaft, so wie in der folgenden Tabelle angegeben. Tragen Sie die sichtbaren Folgen der Wickelfehler in die Tabelle ein.

Fehler	Folgen
Wickelpartie zu breit abgeteilt	
Wickelpartie zu dick abgeteilt	
Haarspitzen nicht glatt um den Wickler gelegt	
Haarspitzen beim Aufwickeln nicht an die Mitte des Wicklers gelegt	
Haltegummi verdreht und verkantet	

2. Beschreiben Sie mit Hilfe der Abbildung, was Sie während der einzelnen Phasen des Dauerwellwickelvorgangs besonders beachten müssen.

Anwickeln der Spitzen:

Aufwickeln der Haarsträhne:

Absetzen des Wicklers auf die Kopfhaut / Befestigen des Haltegummis:

55 Dauerhafte Umformung – Praxis II

3. Wickeln Sie eine trockene und eine mit Wasser vollgesogene blondierte Versuchssträhne auf Dauerwellwickler. Tragen Sie danach eine Wellflüssigkeit für blondiertes Haar auf. Lassen Sie die Wellflüssigkeit einwirken, danach spülen, fixieren und trocknen Sie die Strähnen.

a) Vergleichen Sie die Sprungkraft der Dauerwellergebnisse miteinander:

Strähne A (trocken): _____

_____

Strähne B (mit Wasser vollgesogen): _____

_____

b) Ziehen Sie aus diesem Versuch Schlußfolgerungen für Ihre tägliche Salonarbeit:

_____

_____

_____

4. Welche Hautschutzmaßnahmen müssen bei Dauerwellbehandlungen beachtet werden?

a) Hautschutzmaßnahmen für die Friseurin/den Friseur,

b) für die Kundin.

_____

_____

_____

_____

_____

_____

5. Der Dauerwellvorgang wird durch Wärme beschleunigt.

a) Welche Wärmeeinflüsse gibt es?

b) Welche Geräte zur Wärmezufuhr gibt es?

c) Warum wird durch Wärmezufuhr die Einwirkzeit des Wellpräparates verkürzt?

d) In welchen Fällen sollte auf zusätzliche Wärmezufuhr verzichtet werden?

_____

_____

_____

_____

_____

_____

_____

56 Farblehre und Farbgestaltung

1. Eine Kundin, die morgens in Ihrem Salon eine rote Modetonfärbung bekommen hat, kommt bereits am Nachmittag bei hellem, sonnigen Wetter in den Salon zurück, um die Farbbehandlung zu reklamieren. Der Farbton sei zu „grell und feurig" ausgefallen, morgens im Salon wäre das noch nicht der Fall gewesen.

Nehmen Sie zu der Reklamation der Kundin in wörtlicher Rede Stellung, und erklären Sie den Sachverhalt. Welche Farbkorrektur könnten Sie der Kundin anbieten?

2. Zeichnen Sie mit Farbstiften die Farben der additiven bzw. subtraktiven Farbmischung ein, und ergänzen Sie den Text.

Additive Farbmischung

Subtrative Farbmischung

Die Grundfarben ergeben zusammen _____ .

Die Grundfarben ergeben zusammen _____ .

3. Geben Sie die Grundfarben und Mischfarben I. Ordnung der subtraktiven Farbmischung an.

Grundfarben		Mischfarben erster Ordnung
+	−	
+	−	
+	−	

4. Warum ist im Friseurbereich die subtraktive Farbmischung von so großer Bedeutung?

56 Farblehre und Farbgestaltung

5. Was versteht man unter dem Begriff Körperfarben?

6. a) Was versteht man unter dem Begriff Komplementärfarben?

b) Geben Sie die Komplementärfarbenpaare des sechsteiligen Farbkreises an.

abgelenkte Spektralfarbe	Mischfarbe des Restspektrums

c) Welche Aufgabe haben Komplementärfarben bei der Korrektur leichter Fehlfärbungen der Haare?

7. Die Bezeichnung der kosmetischen Haarfarben weicht von denen der Farblehre ab. Geben Sie für die Farben des sechsteiligen Farbkreises die Haarfarbenbezeichnungen an.

Farben im Farbkreis	Haarfarbenbezeichnung

8. „Haarfarbe, Teint, Make-up und Kleidung sind Farbkombinationen, die sich in ihrer Wirkung gegenseitig beeinflussen."

Begründen Sie diese Aussage, und nennen Sie ein geeignetes Beispiel.

57 Farbveränderung – Tönen

1. Eine Kundin ist mit ihrer Haarfarbe nicht mehr zufrieden. Ihr mittelblondes Haar ist ihr zu aschig. Sie wünscht sich einen lebhaften Ton aus dem Rotbereich, die Farbtiefe soll jedoch nicht verändert werden. Die Kundin legt besonderen Wert auf eine haarschonende Behandlung.

a) Welche Farbbehandlung empfehlen Sie ihr?

b) Begründen Sie, warum die von Ihnen vorgeschlagene Behandlung besonders haarschonend ist.

c) Können die angesprochenen Wünsche der Kundin mit dieser Facharbeit erfüllt werden? Warum?

d) Wie verhält es sich mit der Haltbarkeit des neuen Farbtons?

2. Tönen Sie jeweils eine weiße und eine dunkelblonde Haarsträhne mit einer Tonspülung eines Naturtons und eines Modetons. Nehmen Sie ca. 50 Haare der dunkelblonden Strähne und mischen Sie fünf der getönten weißen Haare dazu. Wiederholen Sie die Übung mit 10 und dann mit 15 Haaren.

a) Vergleichen Sie jeweils die Farbtiefe der beiden Haarsträhnen.

b) Wieviel Prozent des ergrauten Haares wird scheinbar abgedeckt?

c) Erklären Sie, warum man zum Abdecken der ersten grauen Haare eine Tönung nehmen kann.

d) In welchen Fällen sollte von einer Tönung mit modischen Nuancen Abstand genommen werden?

57 Farbveränderung – Tönen mit Pflanzenfarben

1. Eine Kundin hat eine Abneigung gegen chemische Produkte. Sie erkundigt sich, welche Farbveränderungen mit Pflanzenfarben möglich sind.

Nennen Sie den Einsatzbereich von Pflanzenfarben.

_____
_____
_____
_____
_____

2. Färben Sie Haarsträhnen unterschiedlicher Farbtiefen (s. nebenstehende Tabelle) mit Henna.

Rühren Sie Hennapulver nach der Gebrauchsanweisung an, und tragen Sie den Brei auf die Strähnen auf. Wählen Sie eine einheitliche Einwirkzeit von 20 Minuten.

Farbtiefe	erwartetes Ergebnis	erzieltes Ergebnis	Empfehlung
hellbraun			
dunkelblond			
mittelblond			
hellblond			
lichtblond			
weiß			

3. Beurteilen Sie die Haarstruktur des mit Henna gefärbten Haares

a) durch Betrachten,

b) durch Fühlen,

c) durch Reißprobe.

_____
_____
_____
_____
_____
_____

4. Kreuzen Sie die richtigen Antworten an.

☐ Henna greift die Haarstruktur an.

☐ Henna verändert Farbtiefe und Farbrichtung.

☐ Zur Farbentwicklung kann Wärme zugefügt werden.

☐ Der Hennabrei liegt im sauren pH-Bereich.

☐ Henna entspricht einer Tönung.

☐ Henna verleiht dem Haar erhöhten Glanz.

☐ Henna ist besonders für leicht ergrautes Haar zu empfehlen.

☐ Im dunklen Naturtonbereich werden schöne Rottöne erzielt.

58 Farbveränderung – Blondieren

1. Bei einer Demonstration während einer Fachveranstaltung durchfeuchtete ein Friseurmeister das Haar eines Modells mit einer 6-prozentigen H_2O_2-Lösung, dann kämmte er das Haar glatt zurück. Er füllte Blondierpulver in einen großen Salzstreuer und streute es auf das Deckhaar. Nach 20 Minuten Einwirkzeit wurden die Chemikalien aus dem Haar gespült und das Haar sauer nachbehandelt.

a) Führen Sie die Arbeit an einer Haarsträhne durch, und beschreiben Sie die eintretende Farbveränderung.

_____
_____
_____
_____

b) Warum kann diese Arbeitstechnik als Blondiervariante angesehen werden?

_____
_____
_____
_____

c) Nennen Sie weitere Facharbeiten, die ebenfalls als Blondiervarianten bezeichnet werden können.

_____
_____
_____
_____

2. Welche chemisch-technologischen Vorgänge laufen beim Blondierprozeß ab?

Facharbeit	chemischer Vorgang	Bedeutung/Wirkung
Zubereitung des Blondierbreis		
Auftragen und Einwirkzeit		
Nachbehandlung		

58 Farbveränderung – Blondieren

3. Prüfen Sie die pH-Werte von Blondierpräparaten, wie sie in der nebenstehenden Tabelle angegeben sind.

Präparat	pH-Wert	Erläuterung für den pH-Wert des Präparates
Blondierpulver mit Wasser angerührt		
H_2O_2		
angerührter Blondierbrei, Mischungsverhältnis 1:1		
angerührter Blondierbrei, Mischungsverhältnis 1:2		
angerührter Blondierbrei, Mischungsverhältnis 1:3		

4. Geben Sie soviel H_2O_2-Lösung zum Blondierpulver, bis sich der pH-Wert deutlich verändert.

a) Welcher Wirkstoff in der Blondierung ist dafür verantwortlich, daß sich der pH-Wert zunächst nicht verändert?

b) Begründen Sie, warum dieser Wirkstoff in einer Blondierung vorhanden sein muß.

5. Kreuzen Sie die richtigen Antworten an.

☐ Die nicht abgebauten Phäomelanine können einen Rotstich verursachen.

☐ Durch den stufenweisen Abbau des Eumelanins kann ein Rotstich entstehen.

☐ Durch blauviolette Farbstoffe kann der Rotstich abgedeckt werden.

☐ Gefärbtes Haar sollte nicht durch Blondiermittel aufgehellt werden.

☐ Eine Blondierung entspricht einem sauren Abzug.

☐ Wenn das Haar drei Töne aufgehellt werden soll, muß blondiert werden.

59 Farbveränderung – Färben

1. Eine 32-jährige Kundin mit mittelaschblondem Haar und 30-prozentigem Grauanteil glaubt, daß sie durch die grauen Haare älter aussieht. Deshalb möchte sie sich ihre Haare in den Naturton färben lassen. Sie äußert Ihnen gegenüber jedoch Bedenken, ob das Färben nicht dem Haar oder gar ihrer Gesundheit schaden könnte.

a) Welche gesundheitlichen Bedenken könnten geäußert werden?

b) Erklären Sie der Kundin, durch welche fachlichen Maßnahmen Sie die Gefahren ausschließen bzw. erheblich mindern können.

c) Erklären Sie der Kundin, warum speziell bei ihrem Farbwunsch die Haarstruktur kaum geschädigt wird.

2. Der angerührte Farbbrei enthält unterschiedliche chemische Substanzen mit speziellen Aufgaben.

Tragen Sie die Inhaltsstoffe in die Tabelle ein, die die aufgeführten Wirkungen haben.

Wirkung	Inhaltsstoffe
Aufhellen	
Nuancierung Rot, Rotgold, Gold	
Nuancierung Asch, Matt	
Aufhabung der Stabilisierung von H_2O_2	
Konstanthalten des ph-Bereichs	
Eindringen der Farbe ins Haar	
Überwinden des Fett- und Schmutzfilms auf dem Haar	
Herstellen der neuen Pigmente	

59 Farbveränderung – Färben

3. Tragen Sie die folgenden Begriffe bzw. Aussagen fachgerecht in das Schema ein:

- Neutralisation I,
- Schließen der Salzbrücken,
- Bindung des restlichen Sauerstoffs,
- Säure neutralisiert Alkalireste,
- Säure adstringiert,
- Verhindern einer schleichenden Oxidation,
- Kuppeln der Farbbildner zu einem Pigment,
- Bleichen der künstlichen und natürlichen Pigmente,
- doppelter Oxidationsvorgang,
- Oxidationsvorgang I,
- Oxidationsvorgang II,
- Neutralisation II,
- Alkali neutralisiert Stabilisierungssäure,
- Sauerstoff wird frei.

Arbeitsablauf	Art des chemischen Vorgangs	Bedeutung/Wirkung des chemischen Vorgangs
Mischen von Farbcreme und H_2O_2 im Farbschälchen		
Einwirken des Farbbreis		
Nachbehandlung durch Spülung bzw. Packung		
Nachbehandlung mit antioxidativem Festiger		

4. Eine Kundin mit mittelblondem Haar hat eine Färbung in Mahagoni-Kupfer erhalten. Sie möchte gerne einen gold-blonden Ton.

a) Wie ist der Kundenwunsch zu erfüllen?

b) Erläutern Sie, ob das Ergebnis durch eine Hellerfärbung zu erreichen ist.

60 Einsatzmöglichkeiten kosmetischer Haarfarben

1. Tönen Sie Strähnen der Naturreihe mit einer Rottönung.

Verwendete Tönung: _____

Angaben zum Tönungsmittel: _____

Tönungspräparat: _____

Farbe: _____

Bezeichnung der Farbe: _____

Hersteller: _____

Anwendung: _____

Tragen Sie die Ergebnisse in die Tabelle ein.

Ausgangsfarbe	erzieltes Farbergebnis	Empfehlung
hell-lichtblond		
hellblond		
dunkelblond		
mittelbraun		
schwarz		

Der Einsatz der Rottönung ist bei sehr hellen Naturtönen
☐ zu empfehlen, ☐ nicht zu empfehlen,
weil _____
_____

Der Einsatz der Rottönung ist bei mittleren Naturtönen
☐ zu empfehlen, ☐ nicht zu empfehlen,
weil _____
_____

Der Einsatz der Rottönung ist bei sehr dunklen Naturtönen
☐ zu empfehlen, ☐ nicht zu empfehlen,
weil _____
_____

60 Einsatzmöglichkeiten kosmetischer Haarfarben

2. Behandeln Sie lichtblonde Haarsträhnen
— mit der Farbe dunkelblond
— mit einer Coloration dunkelblond
— mit einer Tönung für den dunkelblonden Farbbereich

a) Tragen Sie die Ergebnisse in die Tabelle ein.

	verwendetes Präparat	Stärke des Oxidationsmittels	erzieltes Farbergebnis
Tönen			
Colorieren			
Färben			

b) Geben Sie an, wie die Farbtiefe bei den Facharbeiten verändert wurde.

Tönen: _____

Colorieren: _____

Färben: _____

3. a) Versuchen Sie, dunkelbraune Haarsträhnen bis zur Farbtiefe hellblond durch die nebenstehenden Facharbeiten aufzuhellen.

	verwendetes Präparat	Stärke des Oxidationsmittels	erzieltes Farbergebnis
Hellerfärben			
hochgradiges hellerfärben			
Blondieren			

b) Halten Sie das Ergebnis fest:

Durch Hellerfärben wird eine Aufhellung von etwa _____ Tönen erreicht.

Durch hochgradiges Hellerfärben wird eine Aufhellung von etwa _____ Tönen erreicht.

Durch Blondieren wird eine Aufhellung von _____ Tönen erreicht.

4. Sie führen nach einer Färbung einen reduktiven (sauren) Abzug durch, spülen aber nicht gründlich aus. Nach einigen Tagen dunkelt der Farbton nach.

Setzen Sie die folgenden Begriffe ein, um den Vorgang zu erklären (einige Begriffe müssen mehrfach eingesetzt werden):

Farbbildner, H_2O_2, Oxidation, künstliches Pigment, Abzugsmittel, Reduktion, Luftsauerstoff

Färben _____

_____

saurer Abzug _____

_____

Nachdunkeln _____

_____

61 Farbveränderung – Praxis I

1. Eine Kundin wünscht eine Veränderung ihrer Haarfarbe. Sie stellt sich einen modischen, leicht rötlich schimmernden Farbton vor. Ihre Naturfarbe ist mittelblond, ohne „Weißanteil". Die Haarstärke liegt im normalen Bereich. Die Kundin hat noch eine Restdauerwelle in Längen und Spitzen, die Haarspitzen sind leicht porös.

a) Welche Möglichkeiten von farbverändernden Behandlungen können Sie der Kundin vorschlagen?

_____
_____
_____
_____

b) Welches wäre die haarschonendere Behandlung? Begründen Sie Ihre Antwort

_____
_____
_____
_____
_____
_____

2. Erklären Sie, warum die folgenden Kundenvoraussetzungen bei farbverändernden Behandlungen berücksichtigt werden müssen.

Haarstärke: _____
_____
_____

Haarstruktur: _____
_____
_____

Naturhaarfarbe: _____
_____
_____

„Weißanteil": _____
_____
_____

Hautempfindlichkeit: _____
_____
_____

61 Farbveränderung – Praxis I

3. Ergänzen Sie folgenden Lückentext.

Die Farbtiefe gibt die _____ einer Haarfarbe an.

Die Farbrichtung gibt die _____ einer Haarfarbe an.

4. Geben Sie an, ob es sich bei den folgenden Haarfarbbezeichnungen um Farbtiefe oder Farbrichtung handelt.

Kennzeichnen Sie die Begriffe entweder mit FT (Farbtiefe) oder FR (Farbrichtung).

☐ dunkelbraun
☐ asch
☐ lichtblond
☐ hellblond
☐ gold
☐ rot

5. Verändern Sie die Farbtiefe von drei mittelblonden Versuchssträhnen folgendermaßen:

Strähne A: bis zu zwei Töne heller
Strähne B: drei bis vier Töne heller
Strähne C: mehr als vier Töne heller

Geben Sie die entsprechenden Färbepräparate Ihrer Wahl und die jeweilige Wasserstoffperoxid-Konzentrationen an.

Strähne A	
Strähne B	
Strähne C	

6. In welchen Fällen werden bei farbverändernden Behandlungen zuerst Längen und Spitzen und danach erst die Haaransätze behandelt?

62 Farbveränderung – Praxis II

1. Blondieren Sie drei mittelblonde Haarsträhnen wie nebenstehend beschrieben. Setzen Sie den Blondierbrei mit 9% H_2O_2 nach Gebrauchsanweisung an. Beschreiben Sie die Blondierergebnisse.

Einwirkzeit	Ergebnis
Versuchssträhne 1: 30 Minuten Einwirkzeit ohne zusätzliche Wärme	
Versuchssträhne 2: 30 Minuten Einwirkzeit mit zusätzlicher Wärme	
Versuchssträhne 3: In Alufolie eingepackt. 30 Minuten Einwirkzeit ohne zusätzliche Wärme	

2. Wie unterscheiden sich Blondierung und Blondierwäsche …

a) in der Zusammensetzung? _____

b) in den Ergebnissen? _____

c) in den Anwendungsbereichen? _____

3. Blondierte Strähnen weisen nach dem Abspülen und Antrocknen einen Gelbstich auf.

a) Welche Möglichkeiten zur Abschwächung des Gelbstichs könnten Sie anwenden?

b) Geben Sie an, mit welcher Nuance Sie den Gelbstich ausgleichen können.

c) Welche Möglichkeiten stehen Ihnen in Ihrem Salon für die verschiedenen Möglichkeiten der Farbkorrektur zur Verfügung?

62 Farbveränderung – Praxis II

4. Färben Sie mittelblonde Versuchssträhnen mit stark aufhellenden Färbepräparaten (Spezial-Hellerfärber), die sich jeweils in ihrer Nuancierung unterscheiden (z.B. aschblond, perlblond, cendreblond).

Vergleichen Sie die Helligkeit und die Farbrichtung der einzelnen Strähnen miteinander.

Strähne A – aschblond	
Strähne B – perlblond	
Strähne C – cendreblond	

5. Färben Sie eine mittelblonde Naturhaarsträhne und eine mittelblond eingefärbte Strähne mit einem stark aufhellenden Haarfärbepräparat.

a) Beschreiben Sie die Färbeergebnisse.

b) Welche Schlußfolgerung für die Aufhellung gefärbter Haare können Sie aus diesem Versuch ziehen?

6. Welche Strähnentechnik wählen Sie …

a) wenn in kürzerem Haar einzelne Strähnen ins Deckhaar oder in die Vorderkopfkontur eingearbeitet werden sollen?

b) für Strähnen in langem Haar, die exakt plaziert werden sollen?

c) für viele, fein verteilte Strähnen in nicht zu langem Haar?

63 Farbveränderung – Praxis III

1. Sie haben eine Kundin mit einem gleichmäßig verteilten Weißanteil von ca. 70% bei hellbraunem Haar. Die weißen Haare haben eine glasig-harte Struktur.
Die Kundin wünscht als Erstfärbung eine Farbbehandlung, die die weißen Haare abdeckt und die Farbrichtung verändert.

Was müssen Sie bei der Einstellung der Farbrezeptur beachten, um ein zufriedenstellendes Färbeergebnis zu erhalten?

2. Eine Kundin hat dunkelblondes Naturhaar. Nur im Konturenbereich befinden sich weiße Haarpartien. Sie wünscht eine Farbbehandlung in einer rötlichen Farbrichtung. Es handelt sich um eine Erstfärbung.

a) Wie müssen die weißen Konturenhaare vorbehandelt werden?

b) Begründen Sie, warum das weiße Haar vorbehandelt werden muß.

3. a) Was versteht man unter dem Fachbegriff „Pigmentieren"?

b) Nennen Sie Vorteile und Beispiele für die Anwendung des Pigmentierens.

63 Farbveränderung – Praxis III

4. Ergänzen Sie die Tabelle.

Fall	Probleme beim Färben	Problemlösung
strukturgeschädigtes Haar		
feines Haar		
dickes Haar		
ausgeblichene Längen und Spitzen		
Weißanteil gleichmäßig verteilt		
Verwendung von Perl-, Asch- und Cendrenuancen		

5. Eine Kundin wünscht eine Farb- und Dauerwellbehandlung an einem Behandlungstag.

Schreiben Sie ein Beratungsgespräch in wörtlicher Rede.

6. Nennen Sie Korrekturmöglichkeiten, wenn unerwünschte Farbergebnisse vorliegen.

64 Kosmetik – Hautbeurteilung/Hauttypen

1. Sie haben die Aufgabe, bei einer Mitschülerin eine Hautuntersuchung vorzunehmen.

a) In einem Vorgespräch sollen Faktoren erfragt werden, die das Hauterscheinungsbild beeinträchtigen können.
Formulieren Sie die notwendigen Fragen.

b) Erklären Sie den Aufbau einer Hautbeurteilung, indem Sie die nebenstehende Tabelle ausfüllen.

Aufbau	Inhalt	Durchführung
Hautbetrachtung		
Spezielle Untersuchungsmaßnahmen		

64 Kosmetik – Hautbeurteilung/Hauttypen

2. Nennen Sie die vier Hauttypen, und geben Sie jeweils drei typische Merkmale an.

• Hauttyp: _____

Merkmale: _____

_____

_____

• Hauttyp: _____

Merkmale: _____

_____

_____

• Hauttyp: _____

Merkmale: _____

_____

_____

• Hauttyp: _____

Merkmale: _____

_____

_____

3. Stellen Sie den Hauttyp einer Mitschülerin fest. Erstellen Sie einen entsprechenden Pflegeplan mit den in Ihrem Salon verwendeten Präparaten.

Reinigung: _____

_____

Nachtpflege: _____

_____

Tagesschutz: _____

_____

Spezialpflege: _____

_____

65 Kosmetik – Reinigung/Massage

1. Nennen Sie Methoden der Hautreinigung. Beschreiben Sie Anwendung und Wirkungen.

Methode	Anwendung	Wirkung

2. Einige Reinigungsmittel werden mit Kompressen abgewaschen.

a) Was sind Kompressen?

b) Welche unterschiedlichen Wirkungen erzielen warme und kalte Kompressen?

65 Kosmetik – Reinigung/Massage

3. Beschreiben Sie die Bedeutung der aufgelisteten Massagearten bei der Gesichtsmassage.

Streichmassage: _____

_____

_____

Friktionsmassage: _____

_____

_____

Vibrationsmassage: _____

_____

_____

Klopfmassage: _____

_____

_____

Knetmassage: _____

_____

_____

Massage im Bindegewebe: _____

_____

_____

4. Geben Sie den sinnvollen Ablauf einer vollständigen friseur-kosmetischen Behandlung an.

_____

_____

_____

_____

_____

_____

_____

66 Apparative Kosmetik

1. Beschaffen Sie sich Prospektmaterial von Herstellern kosmetischer Geräte.

a) Zählen Sie Geräte auf, die Ihrer Meinung nach in einer kosmetischen Praxis vorhanden sein müssen.

b) Beschreiben Sie deren Einsatzbereich.

2. Beschreiben Sie die Einsatzbereiche

a) der Vibrationsmassage,

b) der Zupfmassage,

c) der Pflegestrommassage,

d) der Reizstrommassage.

3. Welches Gerät bewirkt eine Durchblutungssteigerung der Haut, eine Öffnung der Hautporen und eine Verbesserung von Hautpflegebehandlungen, z.B. einer Packung?

☐ Frimator

☐ Komedonenheber

☐ Bedampfungsgerät

☐ Vibrationsmassagegerät

66 Apparative Kosmetik

4. Mit Hilfe von Gleichstrom wird die Haut massiert, gleichzeitig werden Ionen eingeschleust. Um welche kosmetische Behandlungsmethode handelt es sich?

_____

5. Machen Sie Vorschläge zur kosmetischen Behandlung der Orangenhaut (Cellulite).

_____
_____
_____
_____
_____
_____

6. Ergänzen Sie folgenden Lückentext.

Rotlichtlampen strahlen unsichtbares _____ Licht und sichtbares

_____ Licht ab. Infrarotstrahlen werden vom Körper aufgenommen und in

_____ umgewandelt. Die Hautoberfläche und das Hautgewebe werden _____

_____ , dabei erzielt man eine _____ der Blut-

gefäße und eine damit verbundene _____ der Durchblutung.

Außerdem wird der _____ beschleunigt und die _____

_____ entspannt.

Geräte, die ultraviolettes Licht und sichtbares Licht erzeugen, heißen _____ .

Die Geräte unterscheiden sich in der unterschiedlichen Abgabe von _____ -Strahlen und

_____ -Strahlen. In der Kosmetik werden Solarien zur Verbesserung des natürlichen

_____ der Haut und zur _____

der Haut eingesetzt.

Überdosierungen können zur Schädigung der _____ , zum _____

_____ und zu chronischen _____ führen.

67 Dekorative Kosmetik

1. Eine Kundin wünscht ein dezentes Tages-Make-up.

a) Worauf müssen Sie die Make-up-Gestaltung abstimmen?

b) Geben Sie die sinnvollste Reihenfolge der einzelnen Arbeitsgänge an.

2. Zählen Sie wichtige Hilfsmittel zur Erstellung eines Make-ups auf.

3. Führen Sie ein dezentes Tages-Make-up und ein auffälligeres, mit kräftigeren Farben erstelltes Abend-Make-up aus.

Betrachten Sie die verschiedenen Make-ups unter unterschiedlichen Lichtverhältnissen, und vergleichen Sie die Wirkung der Make-ups.

	Tages-Make-up	Abend-Make-up
Kunstlicht Kalttonlicht		
Warmtonlicht		
Tageslicht		

67 Dekorative Kosmetik

4. Die Rougeplazierung spielt die wesentlichste Rolle für die Korrektur der Gesichtsform.

a) Benennen Sie die abgebildeten Gesichtsformen.

b) Zeichnen Sie mit rotem Farbstift die entsprechende Rougeplazierung ein.

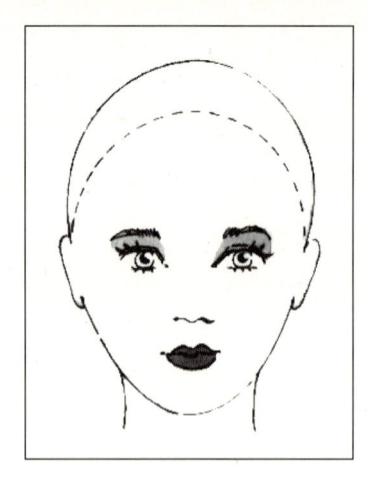

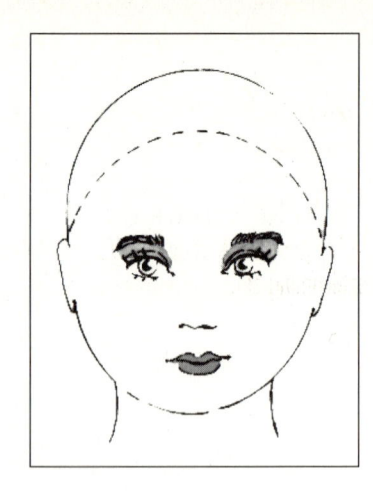

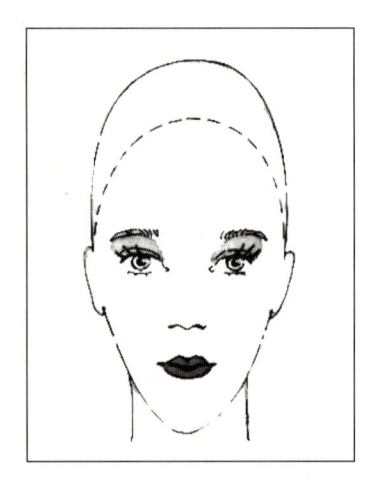

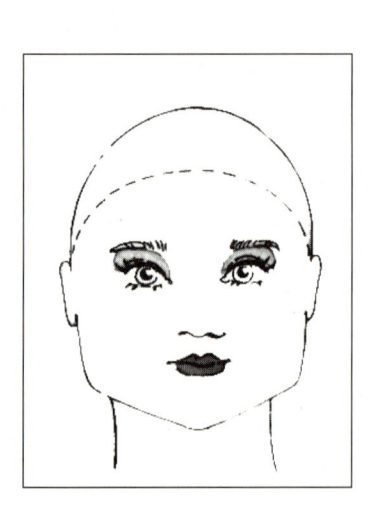

_____ _____

_____ _____

_____ _____ _____

_____ _____ _____

5. Durch Lippenkonturenstifte und Lippenstift kann die Lippenform optisch korrigiert werden.

a) Beschreiben Sie die Lippenform.

b) Zeichnen Sie die Lippenkorrektur ein.

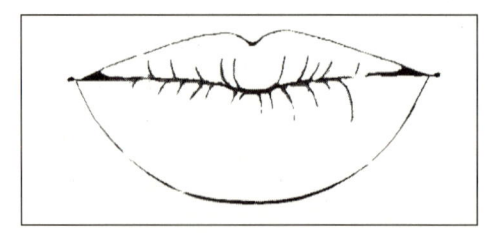

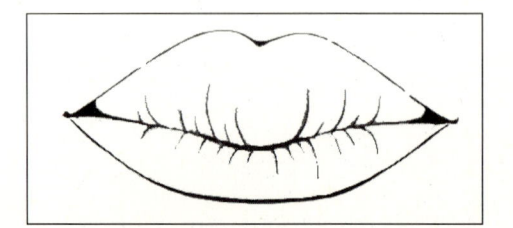

_____

_____

_____

_____

68 Fremdsprachige Produktbezeichnungen

1. Viele Hersteller bezeichnen ihre Produkte in englischer oder französischer Sprache. Informieren Sie sich über die korrekte Aussprache, und tragen Sie jeweils die deutsche Warenbezeichnung ein.

Klassifizieren Sie die Produkte nach ihrem Anwendungsbereich, und tragen Sie in die Kästchen die Buchstaben (R) für Reinigung, (P) für Pflege und (G) für Gestalten ein.

dry skin cleanser _____ ☐

day protection cream _____ ☐

moisture cream _____ ☐

nightcarecream _____ ☐

regeneration mask _____ ☐

creme de jour _____ ☐

sun-block-lipstick _____ ☐

creme de nuit _____ ☐

eye liner _____ ☐

fluid make-up _____ ☐

kajal stick, waterproof _____ ☐

lipgloss _____ ☐

fond de teint _____ ☐

eye make-up remover pads _____ ☐

mascara long lash _____ ☐

transparent compact powder _____ ☐

lipliner _____ ☐

poudre _____ ☐

creme hydrante _____ ☐

creme bath _____ ☐

foam bath _____ ☐

body oil _____ ☐

pre shave lotion _____ ☐

68 Fremdsprachige Produktbezeichnungen

b) Übersetzen Sie die Begriffe, und ordnen Sie die Produkte nach ihrem Verwendungszweck. Tragen Sie in die Kästchen (R) für Reinigen, (P) für Pflegen und (G) für Gestalten ein.

cream shampoo _____ ☐

forming gel _____ ☐

care balm _____ ☐

intensive conditioner _____ ☐

sensitive shampoo _____ ☐

hair styling gel _____ ☐

hair conditioner _____ ☐

styling spray _____ ☐

volume mousse _____ ☐

hair tonic _____ ☐

2. Übersetzen Sie die folgenden Fachbegriffe.

curl _____

wave _____

perm wave _____

peau grasse _____

dry skin _____

sensitive skin _____

peau sensible _____

nail design _____

curler _____

round styler _____

69 Verkaufskunde I

1. Eine Kundin, die zuhause mit ihrem Friseur sehr zufrieden ist, befindet sich in einer Kur. Sie möchte zwischendurch einen neuen Haarschnitt haben und betritt auf Empfehlung am Kurort einen unbekannten Friseursalon.

a) Welche Erwartungen wird die Kundin haben?

b) Worauf wird sie achten?

c) Wie möchten Sie in einer vergleichbaren Situation empfangen werden?

2. Wie kann ein Friseur bereits von außen

a) Neugierde auf den Salon erzeugen?

b) überzeugend darstellen, daß er modisch und kreativ arbeitet?

3. Welche der folgenden Produkte sollte ein Friseur am Behandlungsplatz (B), welche sollte er im Wartebereich (W) präsentieren? Tragen Sie den richtigen Lösungsbuchstaben ein.

- [ ] Parfum-Vorführzerstäuber
- [ ] Haarkur
- [ ] Vorführ-Lippenstifte
- [ ] Modeschmuck
- [ ] Hair-Gel
- [ ] Nagellack-Farbkarten
- [ ] Spezialshampoo für gefärbtes Haar

4. Friseurin Bruckmann hat Produkte der dekorativen Kosmetik neu in ihr Sortiment aufgenommen. Wie kann sie die Kundinnen in ihrem Salon auf das neue Angebot aufmerksam machen?

69 Verkaufskunde I

5. Die Friseurinnen A. und B. sind Spezialistinnen für Haarschnitte. Jede erstellt täglich durchschnittlich 15 Haarschnitte zum Preis von jeweils 25,– DM.

Friseurin A. unterhält sich während ihrer Arbeit mit den Kundinnen über das Wetter, Filme, Mode usw. Friseurin B. berät die Kundinnen während des Haarschnitts zu Haut- oder Haarproblemen und informiert sie über Produkte. In jedem 5. Fall kauft die Kundin bei ihr ein Produkt im Durchschnittswert von 15,– DM.

Wie hoch ist bei den beiden Friseurinnen

a) der Tagesumsatz?

Friseurin A: _____   Friseurin B: _____

b) der Monatsumsatz bei 21 Arbeitstagen?

Friseurin A: _____   Friseurin B: _____

c) der Jahresumsatz bei 220 Arbeitstagen?

Friseurin A: _____   Friseurin B: _____

6. Friseur Hartwig möchte seinen Salon neu einrichten und dadurch besonders den Artikelverkauf erhöhen. Es sollen 8 Arbeitsplätze eingerichtet werden.
Die Artikel sollen überwiegend im Vorwahl- und im Bedienungssystem angeboten werden, einige Artikelgruppen sollen auch in Selbstbedienung verkauft werden.

a) Richten Sie den Salon so ein, daß dieses Ziel erreicht werden kann. Zeichnen Sie Ihren Einrichtungsvorschlag in den Grundriß ein. Verwenden Sie die Abmessungen der angegebenen Einrichtungsgegenstände.

b) Kennzeichnen Sie farbig, welche Bereiche des Salons sich jeweils besonders gut für die Anwendung des Bedienungssystems, des Vorwahlsystems und des Selbstbedienungssystems eignen.

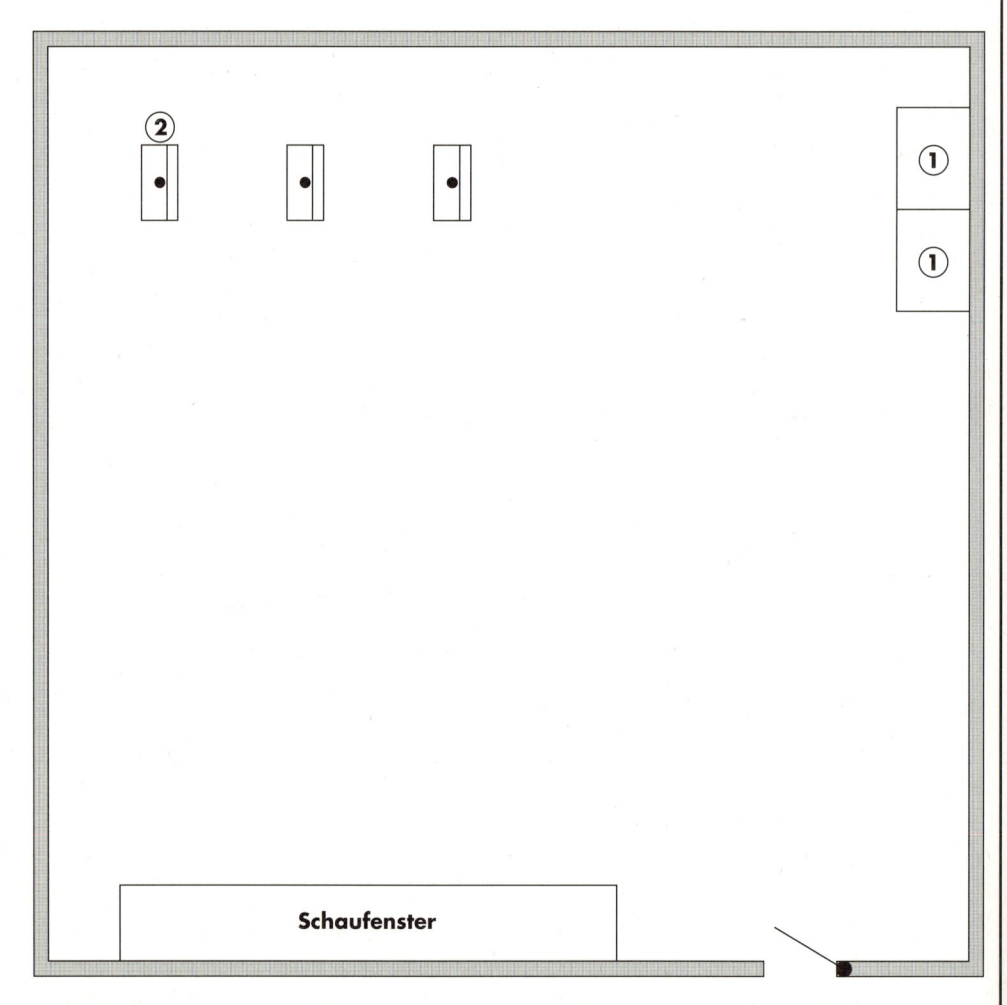

① = 2 Vorwärtswaschanlagen incl. Bedienungsstuhl 1,35 m x 1,0 m

② = 3 Rückwärtswaschanlagen incl. Bedienungsstuhl 0,5 m x 1,0 m

Einrichtungsgegenstände:

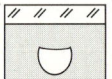

Spiegelarbeitsplatz mit Stuhl 1,40 m x 1,0 m

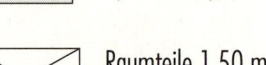

Raumteile 1,50 m x 0,80 m, Höhe 2,0 m

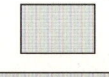

Theke 1,0 m x 0,65 m

Wandregal 2,0 m x 0,4 m

Gondeln 1,50 m x 0,80 m, Höhe 1,35 m

70 Verkaufskunde II

1. Friseur Hartwig hat seinen Salon (siehe Arbeitsblatt 69) neu eingerichtet. Er muß sich jetzt entscheiden, welche Artikel er in sein Sortiment aufnehmen will.

Der Salon liegt in der Fußgängerzone einer Kleinstadt mit ca. 30 000 Einwohnern. Er hat ca. 80% Stammkundschaft und 20% Laufkundschaft. Die Stammkunden kommen überwiegend nach Voranmeldung. Herr Hartwig bietet sehr gute handwerkliche Leistungen und ist im Ort der teuerste Friseur.
Im Ort befinden sich vier größere Supermärkte mit Drogerie-Abteilungen, sechs Apotheken, ein Drogerie-Markt, ein Reformhaus und eine Parfümerie.

Welche Artikelgruppen sollte Herr Hartwig in sein Sortiment aufnehmen, auf welche sollte er verzichten?

aufnehmen:

_____

_____

_____

_____

_____

_____

_____

_____

_____

nicht aufnehmen:

_____

_____

_____

_____

_____

_____

_____

_____

_____

2. Herr Hartwig muß sich auch entscheiden, zu welchen Anbietern von körperpflegemitteln er am Ort in Konkurrenz treten will.

Wie schätzen die Verbraucher die Produkte und die besonderen Leistungen der anderen Anbieter ein?

Bei der Wahl ihrer Einkaufsquellen gehen die westdeutschen Frauen nach Produktbereichen vor. Eine Untersuchung zeigte folgendes Einkaufsverhalten:
(Angaben in %, Mehrfachnennungen möglich, Gesamtsumme deshalb > 100)

Einkaufsquelle / Produktbereich	Drogeriemarkt mit Beratung	Parfümerie	Körperpflege	Reformhaus / Biohandel	Friseur / Kosmetikerin	andere, überwiegend SB Kaufhaus, Drogeriemarkt etc.
Haarpflege	10	2	2	3	10	116
Gesichtspflege	18	10	11	8	8	70
Körperpflege	9	4	4	3	2	124
Düfte	18	35	1	3	3	52
Dekorative Kosmetik	16	13	3	3	8	86
Sonnenschutz	14	4	7	2	2	82

_____

_____

_____

_____

_____

_____

70 Verkaufskunde II

3. Herr Hartwig hat sich für Produktserien entschieden, die „friseur-exclusiv" verkauft werden, d.h., nur beim Friseur zu erhalten sind. Welche Überlegungen können zu dieser Entscheidung geführt haben?

_____
_____
_____
_____
_____

4. Entscheiden Sie, wie ein Friseur die nebenstehenden Artikel anbieten könnte.

Welche der folgenden Produkte
- sind grundsätzlich sb-fähig (1)?
- können nach einer Beratung bei einem späteren Nachkauf in Selbstbedienung gekauft werden (2)?
- sind zur Selbstbedienung ungeeignet (3)?

Tragen Sie die entsprechende Ziffer ein.

☐ hochwertige, teure Parfums   ☐ Creme-Make-up
☐ Hair-Gel   ☐ Sonnenschutzmittel
☐ Haarbürsten in Profi-Qualität   ☐ Farbfestiger, silber
☐ Lippenstifte   ☐ Maniküre-Set
☐ Modeschmuck   ☐ Kosmetikpinsel
☐ Spezialshampoo für gefärbtes Haar ☐ Parfumzerstäuber mit Trichter
☐ Fönlotion (nachfüllbar)   ☐ Kämme
☐ Lidschatten   ☐ Lidschatten

5. Ein Teil der Verkaufswaren sind Dauerartikel, die in gleicher Form über längere Zeit verkauft werden können. Ein anderer Teil ist saisonabhängig, wird also nur in einer bestimmten Jahreszeit viel verkauft oder schnell unmodern und damit unverkäuflich.

Kennzeichnen Sie Dauerartikel mit D, Saisonartikel mit S und Modeartikel mit M.

☐ Sonnenmilch LF 12   ☐ Nagellack, perl-lila
☐ Creme-Schminke, clown-weiß   ☐ Lidschatten, pastell-flieder
☐ Kajal-Stift, schwarz   ☐ Schuppenshampoo
☐ Creme-Make-up, naturell   ☐ Reinigungsmilch für trockene Haut
☐ Nagelunterlack   ☐ Haarkur
☐ Kajal-Stift, gelb-orange   ☐ Handcreme

6. Sie können einer Kundin eine Cremespülung zur Heimbehandlung anbieten: Die 30 ml Portionsflasche kostet 2,50 DM, die 200 ml Normalflasche kostet 10,50 DM, die 500 ml Nachfüllpackung kostet 18,50 DM.

a) Mit welcher Begründung könnten Sie die Portionsflasche anbieten?

_____
_____

b) Wie groß ist der Preisvorteil bei Kauf einer Nachfüllpackung gegenüber einer Normalflasche?

_____

71 Verkaufskunde III

1. Eine Kundin mit dunkelblonden, halblangen, glatten Haaren wünscht sich eine modische Lockenfrisur. Suchen Sie eine entsprechende Abbildung als Frisurenvorlage, und kleben Sie diese in den Rahmen.

a) Nennen Sie alle Dienstleistungen, die Sie der Kundin im Zusammenhang mit der gewünschten Frisur anbieten könnten.

b) Wählen Sie zwei Dienstleistungen aus, und geben Sie der Kundin eine begründete Empfehlung für diese Arbeiten.

c) Nennen Sie alle Produkte zur Heimbehandlung, die Sie der Kundin im Zusammenhang mit der gewünschten Frisur anbieten könnten.

2. Eine Kundin interessiert sich nach einer Maniküre für Nagellack. Sie ist berufstätig und hat einen eigenen Haushalt. Als Sekretärin legt sie viel Wert auf ein gepflegtes, modisches Aussehen.

a) Welche Qualitätsmerkmale gelten für einen guten Nagellack?

b) Auf welche Produktmerkmale müssen Sie in diesem Beratungsgespräch eingehen?

c) Welche weiteren Angebote an dekorativer Kosmetik können Sie machen?

71 Verkaufskunde III

3. Welche der aufgeführten Produktmerkmale sind für die Verkaufsargumentation der folgenden Artikel besonders wichtig? Wählen Sie jeweils zwei Merkmale aus.

Produktmerkmale:
Funktion; Verwendung
Material; Inhaltsstoffe
Maße; Größen
Farbe
Hersteller

Haar-Pumpspray, extra stark: _____

Pflegeshampoo gegen fettiges Haar: _____

Systemkosmetik, Nachtcreme für trockene Haut: _____

Lippenstift, brillant-rot: _____

Nagellack, perl-rose: _____

Lidschatten, perl-pink: _____

4. a) Kennzeichnen Sie die Warenzeichen mit W, die Gütezeichen mit G und die Bedienungszeichen mit B.

b) Welche Bedeutung haben die beiden nebenstehenden Zeichen?

_____

_____

72 Verkaufskunde IV

1. a) Legen Sie den unten abgebildeten Anforderungskatalog zehn Bekannten/Kunden vor. Die Befragten müssen sich für eine der fünf Antwortmöglichkeiten entscheiden. Werten Sie die Antworten folgendermaßen aus:
Die Ziffern der Antworten zu einer Frage werden jeweils addiert und durch die Anzahl der Befragten dividiert. Dieser Durchschnittswert wird in der Tabelle angekreuzt.

b) Erstellen Sie das Anforderungsprofil, das von Ihren Kunden an Sie gestellt wird, indem Sie die Kreuze miteinander verbinden.

Frage	Stimme voll und ganz zu	stimme weitgehend zu	stimme teilweise zu	stimme nur wenig zu	stimme überhaupt nicht zu
1					
2					
3					
4					
5					
6					
7					
8					
9					
10					
11					
12					
13					
14					
15					
16					
17					
18					
19					
20					

c) In welchen Punkten haben Sie eine andere Auffassung als Ihre Kunden?

_____

_____

_____

Antwortmöglichkeiten:

1 stimme voll und ganz zu
2 stimme weitgehend zu
3 stimme teilweise zu
4 stimme nur wenig zu
5 stimme überhaupt nicht zu

Mein Traumfriseur muß folgende Eigenschaften, Kenntnisse und Fertigkeiten besitzen:

1 ☐ gut planen und organisieren können
2 ☐ sich schriftlich gut ausdrücken können
3 ☐ sich mündlich gut ausdrücken können
4 ☐ seine Geräte selbst warten und reparieren können
5 ☐ seine Kunden persönlich betreuen
6 ☐ Fremdsprachen beherrschen
7 ☐ umweltbewußt arbeiten
8 ☐ Verschwiegenheit und Taktgefühl besitzen
9 ☐ gestalterische Fähigkeiten haben
10 ☐ neue Arbeitstechniken beherrschen
11 ☐ modebewußt sein
12 ☐ ein gepflegtes Äußeres haben
13 ☐ im Team arbeiten können
14 ☐ verkaufen können
15 ☐ Unfallverhütungs-, Arbeits- und Gesundheitsschutzvorschriften beachten
16 ☐ handwerkliches Geschick haben
17 ☐ beraten können
18 ☐ gute kaufmännische Kenntnisse besitzen
19 ☐ Arbeitsbelastungen, Streß, langes Stehen ertragen können
20 ☐ seine Auszubildenden gut ausbilden

72 Verkaufskunde IV

2. Kennzeichnen Sie im Anforderungsprofil die beiden Punkte, die Ihren Kunden am wichtigsten sind. Machen Sie Vorschläge, wie Sie diesen Kundenansprüchen besonders gut gerecht werden können.

3. Jeder Friseur kennt Kunden, die er nicht gerne bedient.

a) Welches Kundenverhalten und welche Kundeneigenschaften stören Sie am meisten?

b) Wie können Sie in diesen Fällen vorgehen, damit ein harmonisches Beratungsgespräch entsteht?

4. Oftmals kann man Kundenansprüche ableiten, ohne die Kunden zu fragen. Welche Ansprüche werden in den folgenden Fällen wahrscheinlich gestellt werden?

a) Eine sehr sportliche junge Frau wünscht eine neue Frisur.

b) Eine ältere Kundin erzählt, daß sie in der nächsten Woche ihre Goldene Hochzeit feiern wird.

c) Ein etwa 45-jähriger Mann fragt, ob Sie ihm nicht eine neue Frisur empfehlen können.

d) Eine Kundin fragt nach einem Haarspray im Sonderangebot.

e) Eine etwa 25-jährige Kundin fragt, ob Sie auch mit Pflanzenfarben arbeiten.

5. a) Wie heißen die aktuellen Frisurempfehlungen des Zentralverbandes des Friseurhandwerks?

b) Für welche Kundentypen sind diese Empfehlungen jeweils gedacht?

73 Verkaufskunde V

1. Beschreiben Sie, wie Sie folgende Kunden begrüßen:

a) Eine unbekannte Kundin betritt den Salon und bleibt abwartend stehen.

b) Eine bekannte Kundin mit Voranmeldung steht an der Rezeption.

c) „Ihre" angemeldete Kundin ist von einer Kollegin bereits zum Behandlungsplatz geleitet worden. Sie kommen ca. 5 Minuten später zu ihr, nachdem Sie Ihre vorherige Kundin verabschiedet haben.

2. Eine Friseurin steht an einem Verkaufsregal und ist damit beschäftigt, Ware einzuräumen. Eine Kundin betritt den Salon. Wie sollte die Friseurin sich in dieser Situation verhalten?

3. Welche Stellung zur Kundin ist sinnvoll, wenn ein Friseur mit einer Kundin ein längeres Beratungsgespräch über eine neue Frisur führen will?

Zeichnen Sie die Position des Friseurs ein.

4. Sie sollen einen Kollegen, der gerade einer Kundin die Haare schneidet, zum Telefon rufen.

a) Zeichnen Sie ein, welche Position zum Arbeitskollegen und zum Kunden Sie dabei einnehmen.

b) Formulieren Sie Ihre Unterbrechung in wörtlicher Rede.

73 Verkaufskunde V

5. Wohin soll der Friseur schauen, wenn er mit einer Kundin spricht?

- [ ] auf die Frisur
- [ ] auf das Frisurenbuch oder auf das Produkt
- [ ] auf das Gesicht – Blickkontakt suchen
- [ ] in den Spiegel – Blickkontakt suchen

6. Was sollte der Friseur während eines Beratungsgesprächs mit seinen Händen machen?

- [ ] in die Taschen stecken
- [ ] das Frisurenbuch oder Produkt der Kundin zeigen und festhalten
- [ ] durch ruhige Gesten seine Worte unterstreichen
- [ ] Werkzeuge bereitlegen

7. Welchen Abstand sollte ein Friseur gegenüber einer Kundin halten ...

a) bei einem Beratungsgespräch über ein Produkt am Verkaufsregal?

- [ ] eine Handbreite (ca. 20 cm), damit man nicht so laut reden muß
- [ ] eine 3/4 Armlänge (ca. 50 cm), damit man den Kunden leicht berühren kann
- [ ] eine Armlänge (ca. 75 cm), damit man den Kunden nicht mehr berührt
- [ ] mindestens einen Meter

b) bei einer Frisurenberatung am Behandlungsplatz?

- [ ] eine Handbreite (ca 20 cm), damit man nicht so laut reden muß
- [ ] eine 3/4 Armlänge (ca. 50 cm), damit man den Kunden leicht berühren kann
- [ ] eine Armlänge (ca. 75 cm), damit man den Kunden nicht mehr berührt
- [ ] mindestens einen Meter

74 Verkaufskunde VI

1. Eine Kundin erklärt: „Ich bin mit meiner Frisur nicht mehr zufrieden. Können Sie mir etwas empfehlen?"

Welche Antworten sind geeignet?

☐ Haben Sie schon bestimmte Vorstellungen von Ihrer Frisur?

☐ Soll es eine Frisur mit Dauerwelle sein?

☐ Ja gern; ich zeige Ihnen in unseren Frisurenbüchern einmal einige Möglichkeiten.

☐ Da weiß ich schon etwas für Sie: Oberkopf kurz, Seitenpartien etwas länger; das ist zur Zeit die neueste Moderichtung.

☐ Was gefällt Ihnen nicht an Ihrer augenblicklichen Frisur?

2. Um anspruchsgerecht argumentieren zu können, muß man Ansprüche erkennen oder ermitteln.

Welche Ansprüche werden aus folgenden Kundenaussagen erkennbar?

a) Haben Sie dieses Haarspray auch als Kleinpackung für die Handtasche?

_____

b) Kann man dieses Shampoo später bei Ihnen nachfüllen lassen?

_____

c) Paßt dieser Lippenstift wohl zu mir?

_____

d) Meine Fingernägel splittern immer sehr schnell, wenn ich sie feile.

_____

e) Ich habe bisher überhaupt keine Gesichtscreme gebraucht, aber jetzt spannt meine Haut immer so.

_____

f) Für diese Frisur bin ich doch wohl schon etwas zu alt.

_____

3. Eine überzeugende Argumentation besteht aus drei Stufen:

1. Produktmerkmal nennen (rot),
2. Produkteigenschaft nennen (blau),
3. Kundenanspruch und Produktempfehlung verknüpfen (gelb).

Kennzeichnen Sie bei den folgenden Argumentationen die jeweiligen Stufen mit Stiften in den angegebenen Farben.

a) Ich möchte Ihnen einen Tönung vorschlagen. Sie deckt einen Weißanteil bis 50% ab. Bei Ihrem Weißanteil von 30% ist sie also völlig ausreichend, und Sie erhalten eine sehr haarschonende Farbbehandlung.

b) Wenn Sie surfen, würde ich Ihnen diese W/Ö-Sonnenschutzemulsion empfehlen. Sie hinterläßt zwar einen leichten Fettglanz, ist dafür aber wasserfest.

c) Für Ihr kurzes Haar würde ich Ihnen Kammsträhnen vorschlagen. Das Blondiermittel wird dabei einfach auf einen grobzahnigen Kamm gegeben und in die Spitzen eingekämmt.

74 Verkaufskunde VI

4. Folgende Aussagen sind unvollständig und deshalb nicht überzeugend. Welche Bestandteile einer Argumentation fehlen? Tragen Sie die entsprechende Ziffer(n) ein:
1 Produktmerkmal,
2 Produkteigenschaft,
3 Aufgreifen des Kundenanspruchs.

☐ ☐ Dieses Shampoo ist besonders gut; es ist von der Firma XY.

☐ ☐ Diese Haarkur ist von besonders guter Qualität. Sie enthält nur ausgesuchte pflanzliche Öle.

☐ ☐ Für Ihr trockenes Haar ist diese Pflegespülung besonders gut geeignet.

5. Welche Fehler sind bei den folgenden Argumentationen gemacht worden?

a) Dieses extra starke Haarspray würde ich Ihnen nicht empfehlen. Die Haare wirken anschließend richtig strohig.

_____

b) Dieses Kombishampoo mit Silicon dürfen Sie nicht mehr benutzen. Ihr Haare nehmen dann die Dauerwellflüssigkeit nicht mehr an.

_____

c) Diese Hautpflegeserie kann ich Ihnen sehr empfehlen. Der neue Wirkstoffkomplex AKP hält Ihre Haut glatt und geschmeidig.

_____

d) Dies ist eine ganz neue Reinigungsmaske. Sie löst auch tiefsitzende Hautunreinheiten.

_____

e) Diese Haarkur enthält Wirkstoffe von speziellen Heilpflanzen. Ich kann Sie Ihnen sehr empfehlen.

_____

f) Wenn Sie Ihre Haarfarbe ein wenig interessanter machen möchten, würde ich Ihnen eine Tönung empfehlen.

_____

6. Kennzeichnen Sie Erkundungsfragen mit 1, Entscheidungsfragen mit 2 und Suggestivfragen mit 3.

☐ Haben Sie Ihre Haare schon einmal getönt?

☐ Sie möchten dann doch sicher die entsprechende Nachtcreme aus der gleichen Pflegeserie?

☐ Wie häufig haben Sie sich seit der letzten Tönung Ihre Haare gewaschen?

☐ Möchten Sie ein Haarspray normal oder extra stark festigend?

75   Verkaufskunde VII

1. Im Herrensalon wird ein Trockenhaarschnitt für 19,— DM, ein Naßhaarschnitt für 26,— DM angeboten. Ein Kunde fragt Sie nach den Preisunterschieden. Geben Sie die Begründung in wörtlicher Rede.

2. Eine Neukundin betritt den Salon.

a) Nach wieviel Besuchen wird man sie als feste Stammkundin bezeichnen dürfen?

b) Was muß ein Friseur tun, damit eine Neukundin zur Stammkundin wird?

3. Der Friseurbesuch ist Vertrauenssache und mit vielen Erwartungen und Wünschen verbunden.

Eine Befragung von Kundinnen erbrachte nebenstehendes Ergebnis.

Nennen Sie mögliche Ursachen für das Umfrageergebnis.

55 % gehen gerne zum Friseur
35 % gehen, weil es eben wieder einmal sein muß
10 % gehen mit Ängsten zum Friseur

Nur 52 % der Kundinnen, die eine Reklamation hatten, wurden von ihrem Friseur zufriedengestellt.

75 Verkaufskunde VII

4. Eine Stammkundin besucht ca. 8mal jährlich den Salon. Die Rechnung beläuft sich jeweils auf ca. 60,– DM. Nach einer erfolglosen Reklamation verläßt sie verärgert den Salon und kommt nicht mehr. Aufgrund ihrer Erzählungen suchen sich auch drei ihrer Freundinnen einen anderen Friseur.

Wie hoch ist der Umsatzausfall in einem Jahr (bei jeweils gleichem Umsatz je Kundin)?

_____

5. Kreuzen Sie an, welche Aussagen über Kundeneinwände richtig sind.

Kundeneinwände ...

- [ ] kommen nur, wenn die Ware einen Mangel hat.
- [ ] sind Fragen nach mehr Informationen.
- [ ] sind nur Vorwände, um das Gespräch zu beenden.
- [ ] kommen nur, wenn man die falsche Ware vorlegt.
- [ ] zeigen, daß der Kunde noch unsicher ist, ob diese Ware die richtige ist.
- [ ] zeigen, daß der Kunde noch unsicher ist, ob die Ware ihren Preis wert ist.
- [ ] werden vom Kunden gemacht, um den Verkäufer zu ärgern.

6. Bei der „Ja-aber-Methode" zur Einwandbehandlung ...

- [ ] müssen die beiden Worte „ja" und „aber" unbedingt verwendet werden.
- [ ] stimmt man dem Kunden erst zu und leitet dann zu seiner eigenen Gegenargumentation über.
- [ ] stimmt man dem Kunden zu und legt eine andere Ware vor.
- [ ] erreicht man, daß der Kunde sich verstanden fühlt und deshalb bereit ist, auch Gegenargumente anzuhören.
- [ ] hat man den besten Erfolg, wenn der Kunde genau sagt, wogegen sich sein Einwand richtet.

7. Nachdem der Kunde sich entschieden hat, sollte eine Bestätigungsinformation erfolgen ...

- [ ] weil jeder gerne eine Bestätigung hört.
- [ ] weil nach jeder Entscheidung ein Rest an Unsicherheit zurückbleibt.
- [ ] weil man erkennt, daß der Verkäufer sich wirklich intensiv um das Kundenproblem gekümmert hat.
- [ ] weil man das für sein Geld einfach verlangen kann.

76 Prüfungsaufgabe Herrenhaarschnitt

Ein Auszubildender erhält die Prüfungsaufgabe, eine Schnittfrisur am Herrenkopf nach Frisurenvorlage zu erstellen.

Die Seiten und Nackenpartien müssen klassisch sein, Haarlänge und Haarfülle müssen deutlich verändert werden. Im Nacken muß ein Übergangshaarschnitt erfolgen.

a) Suchen Sie eine passende Abbildung als Frisurenvorlage, und kleben Sie die Vorlage ein.

b) Beschreiben Sie die Formmerkmale der Frisur.

c) Erläutern Sie die notwendigen Schneide- und Finishtechniken.

76 Prüfungsaufgabe Eingelegte Damenfrisur (technische Frisur)

Ein Auszubildender erhält die Prüfungsaufgabe, eine technische Frisur zu erstellen.

Die Einlegarbeit muß mindestens zwei verschiedene Einlegetechniken aufweisen. Flächen, Locken und Wellen müssen in der Frisur deutlich sichtbar sein. Die Frisur muß typgerecht sein.

a) Suchen Sie eine passende Abbildung als Frisurenvorlage, und kleben Sie diese ein.

b) Mit welchen Einlegetechniken wird das Frisurenergebnis erreicht?

c) Begründen Sie die Auswahl dieser Techniken.